陪孩子一起走过初中三年

朱秀婷 编著

四川教育出版社
·成都·

图书在版编目（CIP）数据

陪孩子一起走过初中三年 / 朱秀婷编著 .— 成都：四川教育出版社，2022.9

ISBN 978-7-5408-8370-6

Ⅰ.①陪… Ⅱ.①朱… Ⅲ.①初中生—家庭教育 Ⅳ.① G782

中国版本图书馆 CIP 数据核字（2022）第 166303 号

PEI HAIZI YIQI ZOUGUO CHUZHONG SANNIAN

陪孩子一起走过初中三年

朱秀婷 编著

出品人 雷 华
责任编辑 杨 波
责任校对 王曼炜
封面设计 松 雪
出版发行 四川教育出版社
地 址 成都市锦江区三色路 266 号新华之星 A 座
邮政编码 610023
网 址 www.chuanjiaoshe.com
印 刷 金世嘉元（唐山）印务有限公司
版 次 2022 年 11 月第 1 版
印 次 2022 年 11 月第 1 次印刷
开 本 880mm × 1230mm 1/32
印 张 6
书 号 ISBN 978-7-5408-8370-6
定 价 36.00 元

如发现印装质量问题，影响阅读，请与本社联系。
总编室电话：（028）86365120 编辑部电话：（028）86365129

扫码体验
育儿专家私房课

初中的孩子，正在从幼稚走向成熟，由依赖父母走向独立，进入“心理断乳期”。这一时期的孩子一方面追求自由，想摆脱父母的束缚，一方面又很需要父母的帮助。孩子觉得自己长大了，但还是经常会像小孩一样闹一些小情绪。这一时期的孩子就像一个小矛盾体，自己会有很多烦恼，父母也感到不好与孩子相处。这些都是孩子成长过程中会出现的情况，随着孩子不断长大，这些不和谐的情况就越来越少了。

我在陪伴两个孩子成长的过程中，有着和其他父母相同的心路历程。为了更好地陪伴孩子，引领孩子，我学习了很多家教方法，使我能够顺利地陪伴他们度过青春叛逆期，帮助他们顺利地升入了理想的高中，考进了心仪的大学。

我把自己陪伴孩子、教育孩子的心得体会都写到了这本书里，期盼能对正在探索教育孩子方法的父母有所帮助。

少年时期是梦想起飞的阶段。有梦想的人生与没有梦想的人生肯定不一样，孩子有梦想但却没有人生规划，就没有前进的方向。有规划，有方法，孩子才会划着自己的小舟驶向梦想的彼岸。所以，我们需要在孩子进入初中以后，就对孩子进行人生规划。

初中的学业比小学难度更大，教学方法也与小学完全不同。孩子会遇到很多学习障碍，父母的责任就是帮助孩子扫清学习障碍，提升孩子对知识的学习能力，对新旧知识的融合能力，让孩子能够驾驭知识，学以致用。这本书中有大量学习方法可以供孩子和父母参考。

每一个孩子都有优点，我们父母要善于发现并放大孩子的优点，使孩子充满自信。即使孩子身上有很多缺点，我们也要从孩子的缺点中找出隐藏的优点，然后通过肯定和鼓励，让孩子扬长避短，成为更优秀的人。

父母的肯定和鼓励能激发孩子内心的热情，挖掘孩子的潜能，使孩子不断实现自我更新，自我超越，自我成长。所以，我们要做善于鼓励孩子、善于进行正向激励的父母。

想让孩子成为什么样的人，就让孩子深信他是什么样的人。

扫码体验
育儿专家私房课

目录

1

帮助孩子做好人生规划

CONTENTS

2

提升孩子的高阶学习力

3

青春期的孩子更需要尊重

CONTENTS

4

会沟通才能“走心”

CONTENTS

5

破译青春期孩子的心理密码

CONTENTS

6

教孩子必备的生存技能

扫码体验
育儿专家私房课

1

帮助孩子做好人生规划

「永远不因学习困难而放弃梦想，不因理想遥远而放弃挑战，永远不放弃成为期待中最好的自己。」

小小少年上初中了

孩子脱掉一身稚气，跨入初中阶段。

升入初中以后，课程难度增大了，老师的讲课方式不一样了，作业量也大大增加，使孩子感到压力很大。

我儿子刚上初中那一年，很少在晚上 12 点之前睡觉。我询问其他父母，他们的孩子也是如此。

大家都很担心孩子的身体健康。于是我们家委会的家长代表就与初中部的教学主任商量，能否请科任老师少布置一些作业，让孩子们能够早一点睡觉。

教学主任很理解孩子，就与各科老师协商减少作业量。虽然一些老师减少了作业量，但是每一位老师都布置一些作业，到孩子那里，总作业量还是不少。特别是作业难度比小学提升了，还有很多需要上网查资料、做研究的作业，这些都需要孩子投入时间。想早一点睡觉，孩子只有改进学习方法，学会时间管理，提升学习效率。

为了让孩子早一点睡觉，我和孩子在时间管理和学习方法上很下功夫，通过做时间规划，改进学习方法，提升学习效率，使孩子的学习生活逐步进入良性状态。

初中学习与小学学习相比的不同点

学习内容不同

小学的学习内容有大量感性知识、常识性知识，需要孩子多读、多背、多默写，通过听、说、读、写进行记忆。初中的学习内容侧重于理性知识，更需要孩子理解、思考、分析、判断，需要孩子主动学习，自主学习。

教学方式不同

小学课堂主要是老师讲，孩子听，老师是教学主体，孩子被动听课，老师带着孩子学。初中老师采用互动式教学，要求孩子成为课堂的主体，积极思考，主动提问，踊跃发言，参与课堂教学，和老师共同完成教学目标。

课程难度不同

小学阶段，孩子的学习任务少一些，难度低一些，即使磨蹭拖延，也能当天完成作业。初中的课业难度和课业量都有明显的提升，如果孩子不能主动学习，就无法及时完成作业，需要“开夜车”。

这种差异性决定了孩子不能再用小学的那套学习方法继续学习了，需要用更符合初中教学要求的学习方法学习，需要孩子重新确定学习目标，制订学习计划，学会时间管理，更快适应初中生活。

亲测：如何帮助孩子快速适应初中生活？

向老师反馈孩子遇到的问题

孩子刚上初中，肯定会存在对老师的教学方式、课程的难度、老师布置的作业量不适应的情况。我们父母要及时向老师反馈孩子遇到的问题，让老师了解孩子的实际情况，做出教学调整。

帮助孩子做好时间规划

很多孩子在小学阶段，没有做好时间规划，每天跟随课程表和老师布置的作业安排学习计划。但升入初中以后，学习任务量大增，没有合理的规划就无法顺利完成每天的作业，因而必须做好时间规划。

父母可以带着孩子按照四象限法则将每天的事情按重要性、紧迫性排序，将这些事情分为重要又紧急、重要不紧急、不重要但紧急、不重要也不紧急四类，优先做第一类，然后做第二类，再后做第三类，最后做第四类。

养成主动学习的好习惯

初中的学习难度大很多，任务量也提升很多，这就需要孩子学会自我管理，养成主动学习的好习惯。课前做好预习，课上用心听讲，课后及时复习总结。有难题积极思考，主动看书学习、查资料，以解决问题。

找到合适的学习方法

初中教学重在培养孩子的理解能力、分析判断能力、新旧知识融合能力、应用能力，这就需要孩子掌握初中的学习方法。

孩子可以在上课时多关注老师讲的学习方法，主动向高年级学生请教他们的学习方法，也可以买一些介绍学习方法的书来学习借鉴。

提升孩子的适应能力

刚入初中的孩子都面临适应问题。要适应老师的教学方式，适应课程难度，适应作业量，适应校园环境，适应新的同学关系。有的孩子能快速适应新的生活，有的孩子适应得较慢。

我们父母要帮助孩子扫清学习、生活障碍，多给孩子加油鼓劲，让孩子以积极的心态主动出击，尽快适应新的生活。

给孩子建立成长档案

我在《陪孩子一起走过小学六年》一书中，建议父母给孩子建立成长档案。孩子上初中时，这项工作还要继续做。父母可以把孩子的学习成绩和取得的各种奖状、证书收集好，整理成电子文档存起来。这项工作的意义不仅在于给孩子保存一份成长档案，作为珍贵的礼物送给孩子，更重要的是，孩子的档案在申报一流大学时有用。

人生规划早知道

我大儿子上高二时，我见了一个人生规划设计师，他是专门为孩子做人生规划设计的。他说我给孩子做规划的时间太晚了，应让孩子学习的很多技能已经来不及安排了。做规划，最好是从孩子上初中时就开始，根据孩子的兴趣特长，选择未来的职业方向以及匹配的大学，然后根据大学的培养方向，在初中就开始培养孩子的相应专长。围绕这个目标可以让孩子在初中就参加各种活动，学习相应技能；在高中时参加这一专业领域的竞赛，提升专业技能，为上心仪大学打好基础；在大学里，继续按照拟定的职业方向学习。这样孩子毕业后自然就是一个专业人才。按照这样的规划学习，孩子在任何阶段都不会迷茫，也会少走弯路。

虽然我最后没有请规划师给孩子做人生规划，但是在大儿子成长的每一个阶段，我基本上是沿着这个思路在培养他的。他在初中和高中阶段，参加了不少活动，学习了多项技能，学科成绩一直保持在年级前列，最后以优异的成绩和各项才能，进入了一所理想的大学。

初中是孩子学生生涯承上启下的关键时期，也是确定未来发展方向的起步期，初中三年直接影响着孩子未来的人生。提前帮孩子做好人生规划，让孩子按照规划学习，就可以使他少走弯路，为未来做好准备。

孩子的人生规划包括：选择合适的学校；确定未来的职业方向；培养综合素质和特长；培养多种才能，给未来提供更多可能。

帮助孩子选择合适的学校

我们国家实行九年制义务教育，孩子原则上是就近选择初中学校。但是一些农村地区没有初中，孩子需要到别的村子上学，或者到乡镇、县城上初中，这就需要父母为孩子选择一所合适的学校。

城市里的情况要复杂一些。好的初中拥有更好的教育资源，父母为了让孩子上好学校，会购买学区房，或者租学区房，给孩子选校。

但是有一些家庭没有本地户口，孩子不能在本地参加高考，父母必须在孩子上初中时就考虑好，孩子未来在哪里上初中和高中。一些孩子会回到户口所在地上学，一些孩子会去上国际学校，未来出国留学。

在帮孩子选择学校时，父母不能只考虑眼前问题，更要考虑孩子的未来发展，无论孩子上哪一所学校，都需要父母做大量功课，从家庭的实际情况、孩子的实际情况，以及社会未来发展大方向去统筹考虑。只有父母足够用心，孩子才会少走弯路。

亲测：如何帮助孩子做人生规划？

确定人生大目标

父母要让孩子知道，人生一定要有一个大目标，要干有意义的事情，实现自己的人生价值。但是如何确定大目标呢？最好找专业人士与孩子长聊，根据孩子的天赋和志向，帮助他确定一个人生大目标。这个目标要与孩子内心的愿望契合，是孩子的梦想，这样孩子的内心才会有激情，才会驱动自己去实现这个目标。

以目标为导向进行时光推演

一旦目标确定，就要以目标为导向进行时光推演，厘清孩子的成长脉络，规划出孩子的成长线路图。比如，孩子想 40 岁成为一名企业家，那就要这样规划：他 35 岁前后就要能够制定公司发展战略，能够管理好一个小企业；30 岁前就要能够带团队，具备一定的管理经验；25 岁前就要完成学业；再往前推，就需要上一所好大学，选一个好专业；在高中就需要有扎实的学习基础，能够取得良好的成绩；在初中就要定好成长计划，培养领导力和其他各项能力，打好学习基础。

制订初中学习计划

初中一年级时以全面适应初中学习和生活为主，重在学会时间管理，培养学习习惯，提升学习能力，掌握学习方法，不留疑点难点，打好知识基础。

初中二年级时要全面提升新旧知识的融合能力，要能够灵活运用所学知识解决问题。重视预习和复习，提升学习效率。积极参加各项活动，学习各种才艺，培养团队精神和领导力。

初中三年级时即将面临中考，要能够把初中三年学到的知识融会贯通，通过练习熟练掌握。重视错题笔记和难题笔记，堵住知识漏洞，减少失误。

按照四象限法则去安排学习

“四象限法则”是由管理学家史蒂芬·柯维提出来的时间管理理论，即把事情按照重要和紧急的不同程度分为四个象限：重要又紧急、重要不紧急、不重要但紧急、不重要也不紧急。我们每一个人都要优先做第一象限的事情，然后做第二象限的事情，之后再做第三象限的事情，最后做第四象限的事情。

孩子要按照这个法则把每天的事情分类，按象限顺序依次完成相应的事情。

孩子会经常先做第三、第四象限的事情，造成第一、第二象限的事情没能及时完成，到晚上睡觉的时候也做不完。所以，让孩子养成好习惯，每一天都先把重要的事情完成，这样才不会把作业堆积起来，造成心理压力。

如何制定一个可以为之努力的目标

目标要符合实际

目标要符合孩子的实际，使孩子能够发挥自身优势。如果孩子能力不足，却非要强迫孩子去实现这个目标，那就适得其反。

目标要细化

制定目标的时候要细化，让目标具有层次性，容易分阶段去实现。这样目标就不空洞，孩子就知道如何去实现。

分解大目标

一个大目标会让孩子觉得困难重重，难以实现。因此可以将大目标分解成一个个小目标，让孩子朝一个个小目标努力，孩子就会觉得实现目标并不难。

目标是孩子行走的指南针，有目标的孩子就不会迷茫，能够脚踏实地过好每一天。

目标也是孩子人生的动力，会让孩子自我驱动，不断拓展能力的边界，不断成为更好的自己。

帮孩子战胜迷惘

记得小儿子上初中时，有一天从学校回来，情绪很不好。我觉察到不对劲，就赶快拉着他坐在沙发上，给他端来水果，让他吃点水果休息一下。他的情绪很快就崩溃了，眼泪哗哗地流。我不知道缘由是什么，也不好多问，就拥抱着他，轻拍他的后背，让他的情绪稳定下来。

等他情绪平稳下来，我说："你在学校遇到了什么难事儿？告诉妈妈，妈妈帮助你。"他说："我不知道人生有什么意义，

将来能干什么。”我心里吃了一惊，忙问：“你是不是遇到了什么事情？”他说：“我只是很苦恼。”我想，孩子也许有什么事情不想告诉我，也许只是思考了很多人生问题，并没有具体原因。

我想了一下说：“你能提出这个问题，说明你很善于思考。这是一个很大的哲学命题。两千多年前，中国的老子、西方的苏格拉底都在思考这个问题，每一代人也都要思考这个问题。

“一个生命来到世间是很不容易的，需要爸爸妈妈的辛勤养育，自己也要经历很多小挫折才能长大。但是每一个生命都是肩负着使命来到世界上的，都不是一个偶然的存在。每一个人都需要通过不断努力，开发自己的潜能，去实现生命的价值，为这个世界带来改变。

“比如说你，天资聪慧，你的身体里有很多潜能，这是上天赋予你的才能，你需要通过学习把这些潜能开发出来，将来创造很多价值。你现在的任务就是好好学习，就像妈妈的任务是好好工作一样。通过学习、思考、实践，你可以把很多才能开发出来，你将来才有能力搞发明创造，给世界带来改变。你不是一个很有理想的孩子吗？你很想帮助战乱中的人，帮助穷人，帮助贫困山区的人，你可以通过自己的努力做很多事情，这些都很有意义，你的生命也会很有价值。

“人生需要经历，经历了各种美好的事情和各种困难，这样的人生才会丰富多彩。你遇到的不开心的事情，也是人生经历的一部分，接受它就是接受成长。”

我这样与他聊着，他的心情豁然开朗。第二天放学回来，他像充满了电一样心情愉快。

孩子在成长过程中，出现迷惘是很正常的，这说明孩子在思考，在觉醒。我们父母的责任是及时发现孩子的迷惘，及时引导孩子，给孩子做好心理疏导和心理建设，让孩子内心有强大支撑。这样，孩子遇到任何问题能够跨越过去。

我开解孩子的方式，就是向孩子输入正能量，帮助孩子建立积极的思维方式，引导孩子树立理想，确立人生大目标，能用更开阔的视野看世界，站在更高的维度看人生。

给孩子一个人生支点

孩子上初中以后，就会悄悄与周围的同学比较，谁很会唱歌，谁很会跳舞，谁很会搞发明，谁很爱思考问题，谁的父母很厉害，等等。孩子在比较中，可能会发现自己不如别人，产生很大的心理落差，一下子失去了自信。这些小小的心理变化，可能就会成为孩子自暴自弃的开始。我们父母一定要善于观察孩子的情绪变化、心理变化、行为变化，及时给孩子做心理疏导工作。除了给孩子打气，还要根据孩子心里的烦恼，用行动支持孩子。如果孩子很想学习一种才艺提升自己的实力，那我们就根据家庭的经济状况尽力支持孩子去学习。这是帮助孩子走出沮丧情绪的一种有效途径，也是给孩子一个心理的支点，让孩子建立自信。自信是孩子人生的支点，可以帮助孩子撬动未来。

亲测：如何帮助孩子战胜迷惘？

用积极的思维方式引导孩子

孩子迷惘的一个很大原因，是对人生的很多问题找不到答案，不知道学习对未来有什么帮助。父母需要了解孩子的想法，多进行正向引导，让孩子用积极的思维方式想问题。

让孩子认识学习的意义

父母要让孩子知道，只要用心学习，学到了真本领，将来就有能力为世界带来改变，就能够实现自己的价值，让自己成为受人尊敬的人。

确立人生目标

父母要从宏观上为孩子描述人生前景，让孩子树立梦想，确定人生目标，带着使命感去学习和生活。这样，孩子就知道自己应该往哪里努力。孩子都是冰雪聪明的，他们需要的是一个人生领路人。

帮助孩子做规划

初中的孩子必须有清晰的人生规划，有具体的学习计划，有每一个阶段的学习目标，知道每一天要干什么。这样孩子就不会陷入迷茫。父母要帮助孩子做好人生规划。

培养孩子的一两项才能

孩子在一个群体中，如果有可以展示的才能，他就会对自己充满自信，就会找到自己在集体中的位置，心里就会踏实坚定。所以，父母要培养孩子的才能，让孩子对自己有信心。这些才能可以是才艺，也可以是思考能力、学习能力、体育能力等。

爸爸送他《乔布斯传》

小儿子从小就崇拜乔布斯，喜欢他追求完美的做事风格，认同他和苹果公司“不同凡想”的核心理念，更是把“不同凡想”作为自己的座右铭。爸爸和儿子经常在一起谈论乔布斯的创新精神。为了引导孩子学习乔布斯，走上科学创新之路，爸爸送给儿子一套《乔布斯传》，让儿子学习乔布斯。

这套书涉及很多专业术语，对初中的孩子来说是有一定阅读难度的，但是这不耽误孩子喜爱它。孩子利用课余时间阅读，并把阅读感受分享给我们。他说，乔布斯做事精益求精，这种精神成就了苹果产品的完美。他还在阅读中发现，乔布斯是一个既懂文学艺术，也有创新精神的人，他能够在细节设计上把美学与科学相结合，使产品更有美感，更人性化。

儿子给我分享了很多乔布斯的故事，也给我讲解乔布斯是一个什么样的人，让我对乔布斯也有了更多了解。

史蒂夫·乔布斯于1955年生于美国加利福尼亚州旧金山市，从小喜欢创新。21岁时与大他5岁的沃兹尼艾克在自家车库里创立了苹果公司。之后他离开苹果公司，创立了NeXT公司，1997年重返苹果公司，任首席执行官。

乔布斯受养父保罗·乔布斯的影响，是一个典型的完美主义者。为了做出满意的产品，他带领着一批富有想象力的设计师和有创新精神的工程师，从硬件到软件全面创新，开发出了一系列深受欢迎的产品。

乔布斯执掌苹果公司的年代，引领了个人电脑、动画电影、音乐、手机、平板电脑以及数字出版等产业的颠覆性变革，并为数字内容开辟了一个全新的市场。

乔布斯追求卓越的精神影响了无数年轻人，成为年轻人心目中的榜样。

我小儿子看着乔布斯的传记成长，决定成为像乔布斯那样有创新精神的人。现在，他正朝着这个方向努力。他上大学时修了双学位，期望未来能将人文与科学结合起来，创造出完美的产品。

孩子亲测：做有梦想、“不同凡想”的人

将名人作为自己的榜样

多读名人传记，把名人当成自己的榜样。名人的思想、奋斗故事、精益求精的精神、执着不放弃的信念，都值得学习。将名人当榜样可以帮助孩子树立一个远大梦想，作为自己的努力方向。

制订自己的奋斗目标

我小儿子说："有了目标，就知道自己每天要干什么。如果我浪费太多时间，就觉得对不起自己的梦想。这样，就会给自己提出高要求，鞭策自己自律起来。"

激发自己的潜能

每一个孩子都具有无限潜能，但是很多孩子的潜能没有被开发出来。如果孩子怀揣梦想并为之努力，就能把沉睡的潜能激活，创造出奇迹。

"不同凡想"

当孩子决定成为一个有远大理想的人时，就会发挥创新精神并严格要求自己，成为"不同凡想"的人。

支持孩子的梦想

一旦孩子有了梦想，我们父母就要守护孩子的梦想，并尽心尽力帮助孩子实现梦想。因为产生梦想是容易的，实现梦想的路却很漫长。孩子遇到任何困难，都可能会放弃自己的梦想。这就需要父母坚持帮助孩子实现梦想。

在我的两个孩子成才的路上，我一直默默地在后面支持他们。当他们想放弃时，我就会给他们打气鼓劲，让他们相信自己可以一直往前走。这种精神力量是非常重要的。如果我动摇了，孩子也会动摇。父母的陪伴和支持，是孩子实现梦想的重要力量。

养成时间管理的好习惯

小儿子上初中时，因为是学校的学习部长、班里的班长，深受老师和同学喜欢，所以很自信阳光。但是上高中时，爸爸生病了，他无形中受到了影响，学习积极性减弱很多，遇到困难就不想面对。比如当老师布置了大作业，要他自己做研究，写论文时，他就会产生畏惧心理，一直拖到该交作业的前一天才开始做。

我发现这种情况以后，就同孩子谈心，问他："为什么要拖延？是自己不会做，还是不想去面对？"

他说："是不想去面对。"

我一听就笑了，说：“你觉得很难，不想面对，这是一种正常的心理。很多人都会有这种心理，妈妈有时候也有。但是我是这样想的，这件事情是有一些难，但是再难也得去解决它。不能因为怕它就躲着它。当真正去解决它后，就会发现自己其实是有能力把它处理好的。你是不是也有这种体会？”

他点点头说：“是的，我经常这样。”

我一看与他达成心理共鸣了，就说：“你看，咱们的体会一样。那么咱们也要有自信，咱们都有能力解决这些看起来很难的问题，只是从心里不想面对，想拖延一下再去做。但是这样做有一个坏处，就是你一直有一个问题没有解决，压在那里，这样心里就不痛快，即使玩的时候也不能尽兴。这有什么好处呢？最后还不是得去做？不如早一点做完，这样心里也会因为完成了一件难事而感到很开心，没有心理压力。你觉得是不是这样？”

孩子点了点头，说：“是的。我其实也很想这样做。”

我开心地说：“太好了，那咱们就从今天开始，互相监督，养成今日事今日毕的好习惯吧。”

孩子同意了。后来他确实改变了拖延的习惯。

孩子上大学以后，我本来以为我不在身边“敲小边鼓”，孩子会失去自觉性。但是他现在很自律，修了双学位，把时间安排得井井有条，各门成绩都是 A，是班上成绩最好的。除了完成学校的学业，他还自己报了科研项目，选修了感兴趣的课程。

亲测：让孩子学会时间管理

合理安排每天的课外时间

对每天放学后的时间进行分配，哪个时间段用于学习，哪个时间段用于运动，哪个时间段用于上兴趣班。

在学习的时间段里，优先做最重要、最紧急的事情，不重要、不紧急的事情往后面放。这样可以确保重要的事情优先做完。

养成今日事今日毕的习惯

孩子拖延有两种情况，一种是习惯性拖延，就是任何事情都不想立刻去做，都要拖到最后再做；第二种是孩子有畏难情绪，不敢正视困难。针对第一种情况，要通过 21 天训练，改变拖延的不良习惯。针对第二种情况，要帮助孩子扫清学习障碍，让问题更容易解决。

做一个自律的行动派

孩子之所以有畏难情绪，是因为对自己解决难题没有信心。父母要鼓励孩子主动去面对问题，促使他通过独立思考和看书等方法去解决问题。如果解决不了，可以鼓励他寻求老师和父母的帮助。只要积极面对问题，就有办法解决。告诉孩子，行动胜过一切，只要积极行动，就能够掌握主动权。

教孩子凡事再坚持一下

孩子遇到困难很容易放弃，而想要放弃时最好的办法就是再坚持一下。我经常用行动给孩子做示范，让孩子知道，对自己感到很难的事情，只要再努力一把，再坚持一下，就能取得成功。我常对孩子说，当主动权在他手里时，就不要主动放弃，要一直想办法，直到成功。当他失去主动权时，就只有接受结果。比如，在考试之前，孩子有大把时间复习时，就要主动学习，尽量做到让自己满意。等考试结果出来，无论结果好坏，都要接受，后悔没有任何用处。我的两个孩子都用这种心态去学习和做事，结果往往令人比较满意。

父母不要吝啬表扬和鼓励

表扬和鼓励对孩子来说至关重要。孩子无论是在学习上还是生活中，遇到困难时，总是会有畏难情绪，总是会有放弃的念头。表扬和鼓励能够给孩子信心，让不自信的孩子自信起来，让想放弃的孩子坚持下去。当孩子建立起了自信，养成了坚持下去的习惯，其能力就会超过身边的很多人。

帮助孩子克服恐惧心理

孩子从小到大，难免会对一些事情有恐惧心理。比如，有的孩子害怕黑，不敢一个人睡觉；有的孩子害怕考试，一遇到考试就紧张。这都是因为孩子在成长过程中，由某一个因素触发了不安全感。我们父母要帮助孩子消除心理阴影，解除恐惧情绪。这样，孩子的心理就会变强大，遇到困难才会不再恐惧。

丰富多彩的能力提升活动

虽然初中的学业比小学更有挑战性，但是我认为，初中仍然是孩子打基础的阶段，孩子需要全面发展。孩子的人格修养、意志品质、兴趣特长、身心健康和学习一样重要。给孩子丰富多彩的课余生活，才能丰富孩子的人生体验，拓展孩子对社会的认知，提升孩子的综合能力。所以，我的两个孩子上初中以后，我仍然让他们参加各种课外活动。

大儿子 11 岁时开始学习小提琴，上初中后，又学习了小号。从初中到高中，他都在学校的管乐队和弦乐队里拉小提琴，吹小

号。高中三年级时，他将小提琴学到了演奏级，是乐队的第一小提琴手。除了爱好音乐，他还爱好运动，热爱篮球、冰球、高尔夫，直到读 MBA（工商管理专业型硕士研究生）时，都是校冰球队的队员，经常参加冰球比赛。

小儿子从小学习钢琴、跆拳道、游泳、篮球、板球，上初中以后，他开始在校外学习 Scratch、Python 等计算机语言，每个周末去学习编程，能够自己动手制作小动画片。暑假里，我会为他报名一些科研活动，让他与高年级的孩子们一起搞科研。记得初二暑假，我为他报了北京大学创新实验基地组织的人工智能视觉识别系统研究活动，他吃住在北大，早早体验科学研究的趣味性。记得他参观京东总部的“亚洲一号”无人仓时，特别兴奋，为那些机器人的自动工作能力叹服，决定自己将来也要从事人工智能领域的科研工作。

这些课余活动，不仅丰富了孩子们的日常生活，还提升了他们的自信心，增强了他们的快乐情绪，使他们知道自己未来的努力方向，让他们能够自我管理，自我驱动。

学习各种技能只是孩子课余生活的一部分，他们还会参加学校组织的各种社会活动，了解社会，提升社会实践能力。

大儿子学校每年春季的校园拍卖活动（以下简称“春拍”）就像一个嘉年华，深受孩子们喜欢。学校让孩子们把家里不用的、保护良好的物品带到学校，由学校统一整理并标出价格，由孩子们将其面向社会拍卖。这些物品有家里的生活用品，如书籍、玩具、衣物、电子产品等。每年的春拍是学校的大活动，学校周围的很多居民都会来参加春拍，把东西买走。每年春拍，我都会去学校做志愿者。

学校每个周末会让孩子们在操场为过往车辆洗车，募集洗车费。学校还长期让孩子们收集家里的废旧饮料瓶等可回收物品，每周末送到学校。学校会在洗车现场统一收集这些物品，随后卖给回收站。

通过这些活动获得的款项，学校会捐给社会上的弱势群体。

这些社会活动，提升了孩子们的社会实践能力，培养了孩子们的社会责任，增强了孩子们勤劳节约的意识，在他们心里种下了服务社会、帮助弱势群体的心愿。两个孩子都想大学毕业以后到非洲去支教一年，我期望他们的愿望能够实现。

亲测：为什么要让孩子参加各种课外活动?

让孩子成为多才多艺的人

学习才艺是孩子学习的一个重要组成部分。学习才艺不仅能开发孩子的智能，提升孩子的综合能力，还让孩子未来有更多选择机会。

提升孩子的自信心

孩子多才多艺，就会对自己更自信。这种自信会变成孩子的内在力量，使他敢于去尝试各种新鲜事物，敢于面对困难，使他心态积极，性格阳光，富有朝气。

敢于展示自己的才能

孩子有才能，就会有底气。父母要让孩子敢于在各种场合展示自己的才能，不怯场，保持内心从容淡定。

通过帮助别人培养大爱之心

孩子亲手帮助过别人，见到世界上还有很多需要帮助的人，内心才会生出悲悯，才会有大爱之心，产生社会责任感，对自己提出服务别人的要求。

从小树立高尚人格

孩子只有在实践中，才能使人格成长得更丰满。他在与别人的互动中会培养起合作精神、团队意识、责任意识，知道“小我”与“大我”的关系，知道要尊重别人，关爱别人，要爱和奉献，从而树立起高尚的人格。

父母自修室

在孩子跨进初中校门，面对各种压力时，我是如何帮助孩子适应初中生活的？我为孩子做出了哪些努力？

扫码体验
育儿专家私房课

2

提升孩子的高阶学习力

「苏霍姆林斯基说："记忆没有充分理解的规则，会导致肤浅的知识，而肤浅的知识是不能保存在记忆里的。"」

用理解力解码知识

孩子放学回家后，很多父母都会问孩子："今天学的知识难不难？都弄懂了没有？"这里说的"弄懂"就是指理解。只有理解了所学知识，才能更好地掌握它。理解是学好知识的前提，理解了才会运用，才会变通，才能创新。

孩子可能会说："我都听懂了，但是就是不会做作业。"这时，父母要知道，孩子其实并没有对学习的知识做到深度理解。所以，提升孩子的理解能力，才能让孩子对知识更好地解码，从而灵活运用知识，做到举一反三。

亲测：怎样提升孩子的理解能力？

提升孩子对知识的解释说明能力

引导孩子把学到的知识用自己的语言讲述出来并进行解释、说明、分析、概括，提升孩子对知识的解释说明能力。

提升孩子对新旧知识的融合能力

鼓励孩子每天预习和复习，把新旧知识融合起来。这样新知识与旧知识就能够互相贯通。用旧知识帮助理解新知识，就容易弄懂新知识的脉络。

提升孩子对知识的深度认知能力

鼓励孩子通过各种实践活动，拓展学习应用场景，在课本之外广泛学习。孩子知道得越多，理解能力就越强。

提升孩子对知识的整合能力

鼓励孩子用思维导图归纳比较复杂的知识，通过简单明了的关键词为知识点建立起联系，从而提升孩子对知识的理解、整合能力。

这节课的知识点思维导图

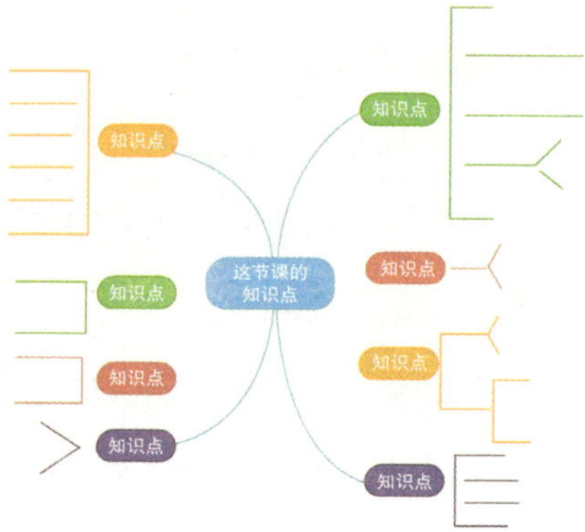

通过阅读和训练提升理解力

孩子的理解力与天赋悟性有关，与大脑中的知识储量有关，也与平时的思维习惯有关。

如果孩子的天赋不太好，并不意味着孩子的理解力就弱。这类孩子可以通过大量阅读，提升大脑中的知识储量，使孩子有足够多的可以调动的思维资源和可以联想的要素，这样孩子理解事物时会容易很多。

父母要多陪孩子做一些智力游戏，从各方面锻炼孩子的思维能力，让孩子养成良好的思维习惯。经常用脑，孩子的思路就会越来越清晰，理解力也会不断提升。

用“四W”提问法提出高阶问题

每一个孩子从小都有好奇心，爱问很多“为什么”。这些问题促使孩子思考，促进大脑发育和智力发展。学起于思，思源于疑。质疑是思维的火花。学习的过程就是不断生疑、解疑的过程。陶行知先生说：“创造始于问题，有了问题才会思考，有了思考，才有解决问题的方法，才有找到独立思路的可能。”

质疑推动了人类社会的进步。在人类社会发展的进程中，后人不断对前人的思想成果、创新成果进行质疑，不断提出新的设想，创造出新的成果，从而推动人类社会的进步。哥白尼质疑地心说，提出了日心说，推动了科学的进步。

质疑的力量非常强大。如果孩子们能够带着疑问去学习，就能启动创新思维，调动大脑智能，解决各种难题，使很多不可能变为可能。

如何提出问题?

引导孩子用“四 W”提问法提问题

一些孩子不知道如何提问题，或者提问的时候没有头绪，想到哪里说到哪里，表述不清楚，让人听不明白。这些都会影响孩子的学习。

这里给孩子提供一个提问题的方法，让孩子知道从哪个角度提问题。这个方法简称“四 W”提问法，“四 W”即“who”“when”“what”“where”提问法，就是“谁”“什么”“什么时候”“在哪里”。用“四 W”提问法提问题，就容易找到问题的内在逻辑，提出有价值的问题。比如，哪一位科学家（who）

在什么时间（where）、什么地点（what）发现了什么科学现象（where）。这样去梳理问题，问题就会很有条理。

学会提出高阶问题

提高阶问题的意义

初中的孩子不仅要会提问题，还要学会提高阶问题。高阶问题一般都有一定的难度，具有开放性，没有固定答案。无论是提问者还是被提问者，都需要认真思考，进行知识调动，把学习的知识在大脑里进行连接，顺着知识链条往下探索。这种探索可能没有答案，但是会让孩子学会深度思考，学会探索性学习。这就是以问题为导向的高阶学习。心里要一直有问题意识，这样就容易提出高阶问题，从而实现高阶学习。

提出高阶问题的方法

1.“为什么”或“怎样”的提问方法

这是运用聚合性思维，引导孩子去发现事物的内在规律和联系的方法。很多科学探索性的问题都可以从这个角度提问。例如，水是怎样变成冰的？

2.“如果……那么……”的提问方法

这是运用发散性思维，通过假设提出问题，寻找开放性答案的方法。这种方法会引导孩子发挥想象力、创造力去提出问题，寻找具有创新性的答案。例如，如果我会飞，那么……

3.“你怎么想？”的提问方法

这是运用判断性思维的提问方法。这种思维方式和提问方法会引导孩子独立思考问题，表达观点。

亲测：怎样培养孩子的提问能力？

在家里经常与孩子探讨问题

如果父母经常与孩子探讨问题，就会启发孩子的思路，让孩子思维更敏捷，头脑更聪慧。因为我们大人见多识广，思维更开阔，能引导孩子在一个开阔的思维空间想问题，从而让孩子的思维更灵活，能够举一反三。

鼓励孩子精读一些好书

阅读会引发孩子的思考，孩子在思考中会产生很多疑问，这些疑问又会引导孩子进行探索性学习，从而形成独立见解。所以，初中的孩子要多读中外名著和科普书籍等好书。

引导孩子提出高阶问题

父母要经常给孩子提一些高阶问题让孩子思考，然后引导孩子给父母提高阶问题，父母进行思考。在互相提问中，互相鼓励，互相促进，让孩子体验提出问题和回答问题的成就感和自我认同感，激发学习动力。

用批判性思维提升独立思考力

现在很多孩子沉迷游戏不能自拔，这主要是由于孩子缺乏批判性思维，被游戏设计的场景迷惑了，没有办法辨明真伪和对错。一些游戏设计了自残任务，孩子也一步一步跟着走，一步一步踏入陷阱。这说明，培养孩子的批判性思维非常重要。

什么是批判性思维?

批判性思维是促使人对信息做出全面分析、评估、推理、判断，去伪存真，形成独立见解的思维。培养批判性思维是现代教育的主要目标之一，孩子拥有批判性思维，可以产生独立见解，建立正确的认知体系和价值体系。

拥有批判性思维的孩子，不会轻易上当受骗，他会用自己的大脑进行思考，而不是全盘接受别人告诉他的答案。有批判性思维的孩子的显著特征就是能用独立思考判断答案的真伪与对错。

批判性思维有什么价值?

让孩子学会保护自己

现在很多孩子很容易相信网上的信息。这除了因为这些孩子缺少社会经验，缺少警惕性，还与孩子缺乏批判性思维有关。孩子不善于独立思考，就无法甄别一些信息的真伪与对错，无法甄别信息的可靠性。

如果孩子能够有批判性思维，有评估能力和判断意识，就不会轻易被人操纵。现在互联网世界里充斥着大量虚假信息，孩子难免会看到一些虚假信息，这就需要培养孩子的批判性思维，让孩子学会从不同视角看问题，学会自我保护。

批判性思维是一种科学创新思维

在科学领域，追求真理之路永无止境。孩子今天学到的所有科学知识，都是前人在自己认知的基础上得出的结论，这些结论是否正确，还需要后来人不断验证。科学正是在不断证伪的过程中发展起来的。所以，孩子学习科学知识时，需要带着批判性思维学习，这样孩子才能培养起创新思维能力，将来能做出开创性成就。

孩子需要用批判性思维学习

很多时候，老师给孩子提供的都是现成的知识，孩子每天的任务就是记住这些知识。但是，学习必须学会质疑，学会思考，学会问为什么。当孩子带着疑问进课堂，带着问题听课时，就能把知识学活。会用批判性思维学习，就能使大脑进行思考，调动大脑的智能，使孩子更有创造性。

亲测：如何培养孩子的批判性思维？

带着质疑意识学习

孩子在学习过程中，不仅仅要记住知识，知道答案，更要对知识进行分析、思考、判断、评估、质疑、推理和验证，带着批判性思维学习时，学到的知识才更有价值。父母要让孩子多参加社会实践，让他们在实践中验证所学知识的真实性、有效性。

孩子上网查资料时，要带着批判性思维去鉴别信息的真伪、对错，不能认为网上的信息都是有用的、可靠的。其实网上有很多信息是以讹传讹的，不能作为学术研究的依据，孩子需要多查一些资料以验证真伪。

经常与孩子展开辩论

父母要在家里围绕一些话题与孩子展开辩论，引导孩子从正反两方面进行思考，帮助孩子跑通逻辑闭环。可以给孩子设定一个没有固定答案的话题，与孩子展开讨论，引导孩子从正反两方面进行思考。

让孩子学会逆向思考

逆向思考是一种反向寻找答案的创新思维方式，这种思维方式被广泛使用于科学创新上。培养孩子的逆向思维能力，让孩子学会从反方向思考问题，可以提升孩子的批判性思维能力。

利用记忆规律，提升高阶记忆力

我有一个亲戚的孩子在读初中，因为他学习成绩不好，父母很烦恼，就找我咨询，问我有什么办法可以提升孩子的学习成绩。

我问了一下孩子的情况。亲戚说，孩子其实也很努力，但是好像记忆力不好，老是记不住学的知识，一考试就考不出好成绩。孩子说，他每天会学很多东西，今天背下来了，过两天就忘了，记不住。

我一听，知道孩子的问题出在哪里了。孩子不是不聪明，只是没有掌握学习方法，还在死记硬背，自然记不住知识。学习初中的知识需要理解，没有理解的知识是很难记住的。

我把自己长期研究出来的记忆方法讲给孩子听，让孩子按照这些方法学习，他经过一段时间实践，觉得挺有用的，对他帮助很大。

一篇文章的思维导图

亲测：如何提升孩子的记忆效果？

先理解再记忆

很多孩子喜欢死记硬背，但是有些知识可以强记，有些知识就不能靠强记来学习。比如数学知识和古诗，是抽象难懂的，靠强记不容易记住。这时就需要先理解再记忆。理解可以把要记忆的内容，通过思维和想象转换成清晰的图像，图像与右脑的视觉中枢直接相关，更少受遗忘曲线的制约。孩子如果能把知识转换成图像，反映到大脑，在大脑中留下深刻印象，就容易记住。

抓住课堂精华

一堂课 45 分钟，老师讲的内容总有重点和非重点，不用全部记住。只要抓住重点，抓住这堂课的精华就行。但重点在哪里？老师反复强调的、写在黑板上的、提醒同学们要注意的，都是重点。

这些内容应重点听，重点记。

在大脑里建立知识框架

在大脑里先建立起知识框架，再记忆细节内容。知识就像一座房子，有框架，有细节。记住了框架，再去记忆细节，知识就会变得有条有理，容易记住。

这节课的精华

用“吃甘蔗”方法记忆

把要记忆的知识化整为零，分成若干大段，再把每一大段分成若干小段，一小段一小段地记，就像吃甘蔗一样，这样就比较容易记住知识。

用开头结尾两头记忆法

孩子们不管背诵什么，都是开头和结尾的内容记得最牢。就像初学英语的人，在 26 个字母中容易记住 ABCD 和 XYZ，但中间的字母记不太清。这与人的心理规律有关。当刚开始记东西时，大脑是清醒的，也很兴奋，容易记住开头的内容；而到记忆过程快要结束时，心里有如释重负的轻松感，也容易记住最后面的内容。而对中间的内容，因为大脑会出现记忆疲劳，记忆的效果就大打折扣。把要记忆的内容分成几小段，一小段一小段地记，每一小段记住开始与结尾就基本能把每小段内容记住，这样就容易记住了。

利用大脑记忆规律记忆

大脑的记忆是有规律可循的，比如大脑喜欢色彩（可以用彩笔标记重点），大脑喜欢图像（可以把知识转换成思维导图），大脑喜欢问题（问题会使大脑自动搜寻答案），大脑有自己的节律（一般在上午 9 点到 11 点，晚上 8 点到 10 点思维最灵敏），大脑每次集中注意力最长只有 45 分钟（需要及时放松大脑），大脑记忆知识需要重复（要及时复习）。利用大脑的这些记忆规律进行记忆，就容易记住知识。

小知识

为什么说理解是记忆的基础?

我们要想记住某些信息，就必须理解这些信息所具有的意义。没有被理解的信息，即使被储存到了大脑当中，也会因为抽象、散乱、难以理解，很难被回忆出来。理解能够让我们明白信息要表达的意思，知道信息之间的关系，容易在大脑中形成清晰的图像帮助大脑记忆。

人类大脑的记忆周期是什么样的?

人类大脑的记忆周期可以分为瞬时记忆、短期记忆、长期记忆和永久记忆。瞬时记忆只能维持数秒钟，如果在记忆后 30 秒和 2 分钟时复习记忆内容，就能进入短期记忆周期。短期记忆一般持续几分钟到一天不等，若及时再次进行复习回顾，就能进入长期记忆周期。长期记忆的内容还是有可能会忘记，如果在第 1、2、4、7、15 天进行复习，就能转化为永久记忆。进入永久记忆周期后还要复习 4 次，便可终生牢记。

我们的记忆储存在哪里呢?

人类的大脑中，颞叶、海马体和间脑分管记忆。颞叶位于大脑新皮层，负责浅层记忆，孩子每天学到的知识就存储在颞叶记忆库中；海马体位于大脑旧皮层，是记忆的核心，负责深层记忆，孩子熟练掌握的各种技能信息就储存在海马体中；间脑位于脑干，负责更深层的记忆，我们的潜意识都深藏在间脑中。

当孩子开始记忆信息时，大脑会把接收到的信息保存在颞叶中，形成浅层记忆。当大脑认为某些信息非常重要时，会通过重复记忆，将信息由神经系统传送到海马体中，形成深层记忆。当记忆足够深刻，就会储存到间脑中，变成永久记忆。

大脑记忆分区图

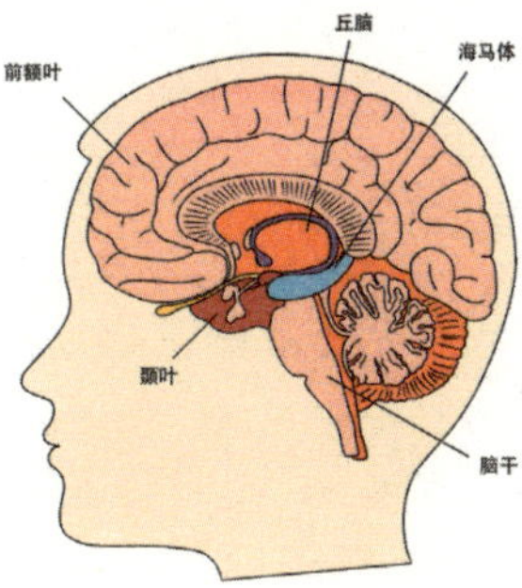

提升记忆力的小方法

1. 集中注意力。人专心致志时，大脑皮层容易形成优势兴奋中心，记忆的效果更好。

2. 提升兴趣。带着兴趣学习，大脑思维就会活跃，联想能力和识记能力就会大大提升。

3. 理解记忆。理解是记忆的基础，理解了的知识才能记得牢，记得久。

4. 复习记忆。遗忘的速度先快后慢，对刚学过的知识及时复习巩固，就可以强化记忆痕迹，提升记忆效果。

5. 回忆记忆。回忆可起到复习巩固的作用。

6. 科学用脑。保证大脑营养，积极锻炼身体，保证足够睡眠，可以提升大脑的工作效率。

每天先做最重要的事

每个孩子每天都有 24 小时的时间，但是有的孩子每天能把学习安排得井井有条，有的孩子到睡觉也完不成作业。这是孩子们时间管理的方法不同造成的。第一类孩子善于安排时间，合理利用了时间。第二类孩子没有掌握好时间管理方法，放学后先做了大量不重要的事情，把时间消耗掉了，以致到睡觉时还完不成作业。

这就需要孩子学会时间管理，每天先做最重要的事。

孩子在放学后，应先将要做的事情，按照轻重缓急，把这些事情分为四类：第一类是最重要、最紧急的事情；第二类是重要、不紧急的事情；第三类是不重要、紧急的事情；第四类是不重要、不紧急的事情。

每天放学后休息一会儿，就优先做第一类事情，然后做第二类事情，再去做第三类事情，最后去做第四类事情。第一类事情永远先做，这样，就不会把重要的事情耽误了，也能让时间发挥最大价值。

孩子每天都会有很多事情要做，但哪些是最重要的事情，哪些是不重要的事情，需要进行判断。作业一般都是最重要、最紧急的事情，每天需要先做，这样，时间就优先安排给了作业，不会出现没有时间做作业的情况。

将每天的事情分为四类

第一类：最重要、最紧急的事

比如：每天必须做的作业、考试之前的复习任务。这是必须优先完成的事情，放学后先做这些事，等这些事情做完了再做其他事。

第二类：重要却不紧急的事

比如：每日练钢琴、阅读、锻炼身体。这些事情很重要，但是没有学校的作业那么紧急，可以等作业完成后再做。

第三类：不重要却紧急的事

比如：家里来了一个小客人，需要自己陪着玩。这件事情是突然发生的，需要做，但不是最重要的，应该先做完作业再玩。

第四类：不重要也不紧急的事

比如：看电视、玩游戏等。这类事情应放在一天中的最后去做。先把时间用于做重要的、紧急的事情。

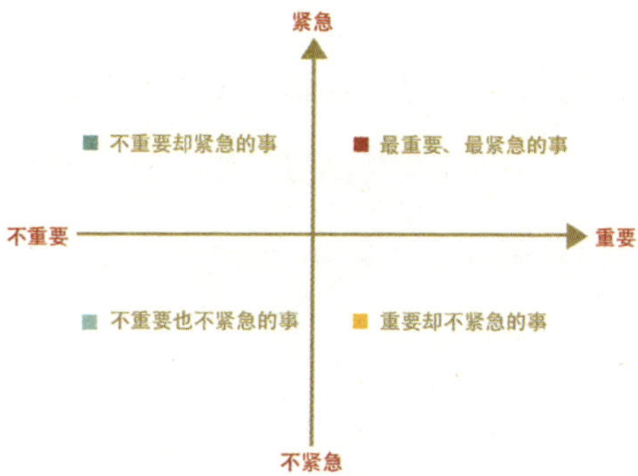

永远先做最重要的事情

一般来说，第一类事情是必须优先完成的，然后再做第二类、第三类、第四类事情。这样，每天都能把最重要的事情先做完。但是很多孩子因为不会这样安排，会先把第三类、第四类事情做完，然后才做第一类、第二类事情，造成很多第一类、第二类事情没有时间做，推到第二天，造成没做的重要的事情越积越多。

这就是很多孩子有拖延症的原因。不是他没有做事情，而是他做了很多不重要的事情，把重要事情耽误了。所以，永远要优先做最重要的事，这是时间管理的关键。

判断最重要的事情的标准

1. 每天必须完成的各项作业，毫无疑问是孩子每天最重要的事情。

2. 必须当天完成，不能拖到第二天的重要事情。

3. 可给自己带来成就感的事情。如每天练钢琴，阅读等。

坚持每天先做最重要的事情，就能高效利用时间。

扫码体验
育儿专家私房课

③

青春期的孩子更需要尊重

「没有爱就没有教育，没有尊重就谈不上爱。尊重孩子是爱孩子的具体表现，也是爱孩子的真正内涵。」

小不点长大了

进入青春期后，两个孩子都开始注重自己的形象。上小学时，他们的头发都是我给理的，用电动理发器推出短发发型，十几分钟就理好了。上初中以后，两人都不让我理发了，认为我理的发型不好看。除了发型，他们也非常在意小胡子、青春痘、小喉结，会购买各种护理产品做面部护理。对衣服鞋帽，也很注重颜色、款式、质地、品牌，能穿搭出自己的风格。

青春期的孩子重视自己的形象管理，重视凸显自己的个性，也很在意别人的评价。孩子们内心期望被肯定，被尊重，期待更多自主权。我们作为父母要善于观察孩子的变化，能够回应孩子的内心诉求。

青春期孩子的内心诉求

期望被关注

孩子是通过别人的关注确认自己的价值的，所以，会通过各种方法引起别人的关注。例如，通过取得良好的成绩来赢得父母的认可和重视；通过有个性的打扮赢得别人的关注与认可。父母要善于透过孩子的行为识别孩子的真实意图，多多关注孩子。

期待被赞扬和认可

每一个孩子都希望父母表扬自己，这是孩子被尊重的需求。美国心理学家亚伯拉罕·马斯洛提出过一套“需求层次理论”，该理论认为，人的需求分为五个层次：生理需求、安全需求、社交需求、尊重需求、自我实现需求。父母的正向肯定与鼓励能满足孩子内心被尊重的需求，这种需求被满足，就能增强孩子的自信心，使孩子焕发出积极向上的活力。

渴望有自己的空间

孩子内心渴望拥有自己的私人空间，不被打扰，不被干预，完全按照自己的想法生活和学习。父母要尊重孩子的想法，不随意进入孩子的房间，不偷窥孩子的秘密。如果孩子发觉自己的秘密全在父母的掌控之中，自尊心会很受伤害。

想承担一定的责任

到了初中，孩子不再单纯顺从成人的意志，而是会期望“我自己来”。不仅想为自己承担责任，还想为家庭承担一定责任，想参与家庭决策、家庭事务。承担责任是孩子自主性进一步发展的产物，父母要带着积极的心态看待孩子的成长，给孩子参与家庭事务的权利，不要再包揽所有的事情。

父母要尊重孩子的隐私与秘密

孩子进入青春期，身体开始快速长高、长壮，激素水平快速提升，性别特征越来越明显。同时，孩子自我意识觉醒，开始探寻内心的感受和想法，情感细腻，心思缜密，不再认为父母说的都是对的，产生很多与父母和老师不一样的想法。这些变化，都会引起孩子很多思考，也会让他有很多困惑。孩子不再像小时候那样把自己的想法都讲给父母，而是会把自己的心思写进日记里，然后用“锁”划出他人不可随意进入的“警戒线”。这是孩子长大的标志。

我们父母应该以喜悦的心情欣赏孩子的成长。孩子知道自我保护了，父母应主动后撤，不再多加干预。但是我们这一代父母为孩子操碎了心，总是对孩子不放心，可能会偷看孩子的日记，掌握孩子的动向，想替孩子把住安全关。这种心情可以理解，但是却侵犯了孩子的隐私权。看一下下面这个例子：

女儿（很生气）： 妈妈，你偷看我日记了？

妈妈（装无辜）： 没有哇！

女儿（气呼呼）： 你看了，还撒谎，我真的不敢相信你了。

妈妈（假装生气）： 嘿，你这孩子，怎么说话呢！

女儿（责备）： 你明明看了，却不承认。你怎么能这样！

妈妈（装委屈）： 你为什么认为我看了？

女儿： 我日记里有记号，你动了我的日记。

妈妈（惊奇）： 咦？什么记号？怎么证明我动了你的日记？

女儿： 我在日记里放了头发丝，现在这头发丝不见了。

妈妈（装糊涂）： 头发丝很重要吗？我帮你找找。

女儿（懊恼）： 不是头发丝重要，是证明你动了我的日记！

妈妈（耍赖）： 你推理一下，证明是我看了，我就认。

女儿： 我在日记里放了头发丝做记号，今天头发丝不见了，我就知道是你偷看了。

妈妈（笑了）： 妈妈今天给你整理房间，打扫卫生，可能移动过你的日记，但是没有看。

女儿： 得了吧。很多妈妈爱子心切，会偷看孩子的日记，你也不例外。

妈妈（真诚）： 你分析得很对，妈妈无意间看到了，向你道歉。

女儿（气恼）： 我都长这么大了，你还想掌控我。

这一代孩子自尊自信，独立意识强，不想再做父母的乖孩子，不想父母再干预他们，期望父母尊重自己的自主性、独立性。我们父母要尊重孩子，信任孩子，调整自己的角色定位，让孩子管理自己的事务，学着为自己负责任。

亲测：如何尊重孩子的隐私和秘密？

信任孩子，不偷听孩子讲话

当孩子打电话时，父母不要假装在旁边做事，偷听孩子打电话。要信任孩子，相信孩子有能力处理好日常事务。假如真的很担心，可以开诚布公地对孩子说出自己的担心，给孩子提出合理建议。

尊重孩子，为孩子保守秘密

孩子之所以对父母保守秘密，一是因为担心父母知道自己的秘密后说出去，二是因为担心父母笑话自己。如果父母真诚保守孩子的秘密，孩子就会信赖父母，愿意把自己的心思告诉父母。我的两个孩子虽然都是男孩，但是他们与我可以做到无障碍沟通。这是因为他们知道，他们的妈妈会非常真诚地为他们着想。

积极引领，让孩子健康成长

孩子还没有完全形成正确的三观，在处理学业、情感、人际关系等问题时，容易冲动，把握不好分寸。因此父母要细心观察孩子的情绪变化，做好引导，使孩子在正确三观的引导下处理各种问题，平稳度过青春期。

尊重孩子的兴趣选择

每一个孩子随着年龄增长，都会发现自己的兴趣所在，并想把它发展成自己的未来职业。在孩子的兴趣选择上，我们是应该尊重孩子的选择，还是带着功利的心态替孩子做选择？

我好朋友的孩子上初中了，她觉得孩子长大了，应该多学一些本领，就教孩子做菜，让孩子独自在家时可以做菜吃。结果孩子从中发现了乐趣，喜欢上了做菜。他一有空就主动研究菜谱，按照菜谱准备食材，做出各种美食，乐此不疲，还准备将来当厨师。

这可把我朋友夫妻俩吓着了。他们哪里想到孩子会想把做饭当职业呢？他们决定改变孩子的想法，让孩子专心学习，将来考上好大学。于是，他们和孩子开始了“厨房争夺战”。他们每天“霸占”着厨房，不让孩子有做饭的机会，还给孩子安排很多学习任务，让孩子没有时间做饭。

当我朋友把她们家争夺厨房的事情讲给我听时，我乐坏了，说：“我只需想象一下你们家的厨房争夺战，就觉得好有画面感。可怜天下父母心，你们夫妻也是被耽误了的好演员哪。”她哭笑不得，说：“我们可是认真的。要想出各种办法，打消孩子当厨师的念头。他必须好好读书，将来考一所好大学，找一份好工作。”

我说：“你们也没有必要阻止孩子做饭，完全可以把他培养成既是好厨师又是学霸的孩子嘛。就像谷爱凌的妈妈，把女儿培养成了出色的奥运冠军和斯坦福学霸。其实只要把孩子的兴趣激发好，他就可以在愉快的状态下学习。”

我们在培养孩子的兴趣爱好，帮孩子选择未来的发展方向时，不要只关注孩子未来是否能上好大学，是否能有一份体面的工作，不要带着功利心，而要从孩子的内心出发去培养孩子的兴趣爱好，为孩子选择未来职业方向。

亲测：如何让孩子成为更好的自己？

尊重孩子的兴趣选择

兴趣是最好的老师，它可以引领孩子主动学习。发自内心的热情能够激发孩子的潜能，使孩子自我激励，不断实现自我超越、自我更新、自我成长。我们父母只需要给孩子当好后勤，做好后盾就行。

鼓励孩子大胆尝试

我在国外生活过，对中西方教育都有了解。我认为，结合中西方教育理念更容易培养出一个优秀的孩子。

像谷爱凌妈妈那样，尊重孩子的兴趣爱好，孩子想学什么都予以支持，孩子就会在尝试中找到适合自己的发展方向。谷爱凌在尝试中找到了滑雪的方向，她的妈妈全力支持她，每个周末都开车四个小时带女儿去滑雪，八年如一日，这为谷爱凌冲击奥运金牌打下了坚实基础。

为孩子保驾护航

谷爱凌选择滑雪方向以后，她的妈妈用坚持和韧性给孩子托住底，让孩子能够兼顾滑雪与学习，平衡好滑雪与学习的关系，凭借优异成绩考入斯坦福大学，夺取奥运冠军。父母的坚持和护航能给孩子带来充分的安全感，使孩子敢于大胆往前冲而不担心局面失控。

在孩子选择兴趣爱好时，父母可以帮助孩子分析判断，但绝不要替孩子做主。即使孩子的选择与父母的期望有差距，父母也应该尊重孩子的选择。孩子只有在做自己喜欢的事情时，创造力和潜能才能得到充分发挥，才能专注，认真，持之以恒。

如果孩子因为沉浸在某个兴趣爱好中而影响了学习生活，父母可以给予其引导干预，但要用孩子能够接受的方式，让孩子知道兴趣用在什么地方更能让他发光。

在孩子的成长道路上，父母要做一个智慧的引领者，一个坚定的支持者，一个可靠的守护者。

发现并放大孩子的优点

我认识一个帅小伙子，已经成家了。在他成长的过程中，他的父亲总是对他不满意，嫌他学习不努力，动不动就说他是笨蛋。这让他很没有自信心。他参加工作后，父亲嫌他不优秀，总是对他百般挑剔。在父亲面前，他总是不敢表达自己的想法，也对未来没有信心。我给他推荐了一些书，鼓励他通过学习提升自己，从而提升自信心。

每个父母都望子成龙，望女成凤，希望孩子出类拔萃。但是在孩子成长过程中，一定要用赏识的教育方法教育孩子。赏识能激发孩子的自信，让孩子自觉自律，从而变得更优秀。批评只会让孩子产生自卑心理，降低对自我的认同感，失去进步动力，结果与父母的愿望大相径庭。

所以，父母要善于发现孩子的优点，并且把这些优点放大。不管是从孩子的缺点中提取出的优点，还是孩子微小的进步，都要及时表扬，提升孩子的自信心，挖掘孩子的潜能，使孩子能够一步一步实现自我超越。

应该怎样发现并放大孩子的优点？

不要老盯着孩子的缺点

不要整天把孩子的毛病挂在嘴上，不停地数落，更不要对孩子下不良结论，比如“你真是笨蛋”“你真没救了”等。很多父母的教育理念，就是先找孩子的缺点，然后不断地提醒，警告，让他改掉缺点。总认为改正了缺点，孩子就进步了，就提高了，没缺点了就完美了，完美了就杰出了。这个理论是不对的。你老盯着孩子的缺点，孩子就没有了自信心，如何变优秀呢？

用发展的眼光看待孩子

只要细心观察孩子，用发展的眼光看孩子，就会发现孩子在进步。比如孩子认识问题的水平提高了，分析问题的能力增强了，头脑中的知识增加了，考试进步了，体育取得了好成绩，搞了小发明，等等。不要拿孩子与别的孩子比，而是应该拿他与过去的他相比。再微小的进步都代表着希望，用发展的眼光看孩子，就会看到孩子一直在进步。

经常夸奖孩子的进步

孩子有了进步，父母就要及时夸奖他们。这样可以让孩子增强信心，调动内心的积极因素，从而取得更大进步。

每个孩子都需要父母的赏识，有缺点的孩子更是如此。父母的赏识才能点亮孩子心里的光，放大他的优点，挖掘他的潜能，使他最终从平凡到优秀，从优秀到杰出。

积极评价，维护孩子的自尊心

我儿子过 12 岁生日时，家里来了很多同学。我给他们准备了丰盛的食物和很多小礼物，孩子们都很开心。大家表演节目，说说笑笑。有一个孩子的妈妈来了，看着大家这么热闹，就说我儿子比她儿子优秀，人缘好，让她儿子向我儿子学习。小朋友们趁机问那个妈妈：“阿姨，他在家里表现好不好？”那个妈妈打开话匣子，说了她儿子很多糗事。结果，那个孩子的脸色一下子变得很不好看，我赶快打圆场，岔开话题。

每个孩子都有自尊心，父母需要维护孩子的自尊心。这个妈妈没有注意这一点，当着孩子同学的面说出的话伤害了孩子的自尊心，让孩子很难堪。所以，父母要多在他人面前表扬孩子，而不是说孩子的缺点。

有的父母出于礼貌，当着别人的面夸赞别人家的孩子，贬低自己的孩子。这本是客套话，并不是说自己的孩子真的差，但是孩子不知情，认为父母喜欢别人的孩子，自己不如别人的孩子。这样孩子会留下心理阴影。

亲测：如何维护孩子的自尊心？

在他人面前多夸赞自己的孩子

如果孩子听到父母当着别人的面夸赞自己，不但其自尊心会得到满足，还会暗下决心，要做得更好，以期得到父母的进一步表扬。别人听到孩子这么好，也会认可孩子，对孩子投来欣赏的目光，这种认可和欣赏会大大鼓励孩子。

父母夸赞孩子要掌握技巧

夸赞孩子要掌握技巧，让孩子感到父母是发自内心欣赏自己，喜欢自己，以自己为骄傲。比如，在孩子不在场时夸孩子，让在场的其他人把话转述给孩子，孩子就会特别高兴，认为父母真的是这么想的，就会朝着父母所希望的目标前进。

夸奖孩子的小妙招

一是夸奖孩子时要真诚。不能故意吹嘘，夸大孩子的优点。

二是必须有理有据。要根据孩子的表现来夸奖孩子，不能虚构，让孩子感觉父母说的是假话。

三是恰如其分。表扬的话不是越多越好，要实事求是，恰到好处，恰如其分。

带着赏识与尊重夸奖孩子

孩子对父母当众谈论自己是很敏感的。父母当众夸奖孩子，孩子就会很开心。但是如果父母把孩子当笑料谈论，孩子就会不舒服。所以，当跟别人谈论孩子时，不管孩子是否在场，都要怀着欣赏和尊重的心态去谈论他，比如可以说：“我孩子爱想办法，做什么事情都做得很好！”

要保护孩子的隐私

孩子相当重视自己的隐私，父母在和孩子一起出现在公众场合时，要注意保护孩子的隐私，不说孩子的短处。如果谈论到孩子时，发现孩子表现出不悦，就要及时转移话题，不让孩子难堪。

父母不要当众数落孩子，去检验孩子的心理承受力。一些孩子心态变差，做出傻事，就是因为不懂孩子心理的父母当众去触碰孩子的底线。

在任何情况下，都要尊重孩子的人格

有些父母脾气暴躁，看到孩子犯了错误，就是一顿臭骂，甚至动手打孩子。这种简单粗暴的行为绝对不是教育孩子的好方法。孩子都有自尊心，在被尊重的环境中长大的孩子，内心更健康，能客观公正地看待周围的世界，认为世界是美好的。遭受过家庭暴力的孩子，很容易有心理阴影，长大后比较难以用平和的心态与世界相处。

一些父母非常爱孩子，在物质上充分满足孩子，但是却不懂得尊重孩子，这样的爱是片面的。尊重孩子的人格，让他在尊严中成长，这才是真爱孩子。

用赏识给孩子“赋能”

我小儿子小时候，看到别人攀岩，就很想学，但是对自己能不能攀到顶心里没底。我就鼓励孩子说：“你可以大胆去尝试，我相信你一定能够攀到顶。攀岩的过程中，双手要抓紧，脚要踩实，每一步都踏稳了再往上攀登。”我知道，安保人员的安全保护工作做得很好，孩子是安全的，我的肯定和鼓励给孩子输送了力量。他果然信心满满地去攀岩了，很勇敢、很顺利地攀上了岩顶。

我和孩子爸爸都鼓励孩子去尝试新鲜事物，比如在草原上骑马，在海里潜水，练滑冰，打篮球，踢足球，游泳，玩过山车，参加各种国内、国际竞赛。小儿子计划未来去跳伞，去攀登珠穆朗玛峰，我们都赞成。在保证安全的前提下，孩子可以去尝试各种有挑战性的事情。

我们认为，如果把孩子保护得太好，让孩子生活在舒适区里，不去经历任何有风险的事情，看似是爱护孩子，实际却会让孩子失去很多锻炼的机会。经历就是一种成长，孩子经历得多，就会有广博的见识，遇到事情就会知道该怎么办。

我们认为，父母的欣赏和鼓励，能培养孩子的胆识，使孩子敢于去尝试，培养出积极的进取精神，这种精神能让孩子创造奇迹。

赏识的意义

“赏识”是一门学问

赏识教育是一门学问。每个孩子都应该得到赏识，赏识可以让孩子在“我是好孩子”的自我认同中觉醒，生命得到绽放。

赏识教育承认差异，允许失败，使孩子可以在快乐与探索中成长。

赏识教育是爱的教育，是富有生命力的教育

人性中本质的需求就是渴望得到理解、尊重、肯定、欣赏和爱。有人说过：“教育孩子的全部秘密就在于相信孩子和解放孩子，

而相信孩子和解放孩子，首先要赏识孩子。”赏识能够激发孩子的潜能，让孩子变好，变优秀。

赏识教育可以成就孩子

赏识教育的特点是注重孩子的优点和长处，让孩子在“我很棒”的心态中不断成长。而抱怨教育的特点是注重孩子的弱点和短处，使孩子自暴自弃，在“我很差”的意念中沉沦。所以，赏识教育可以成就一个孩子，抱怨教育会毁掉一个孩子。

赏识对于孩子来说至关重要

赏识教育是用热爱、理解、尊重、信任、肯定、支持、鼓励等积极的心态教育孩子，帮助孩子扬长避短，建立信心，自立自强。

父母要多肯定孩子，用积极的心态去欣赏孩子，赞扬他，信任他，鼓励他，帮助他树立自信，脚踏实地，一步一步走向成功的殿堂。

对孩子的赏识要遵循的原则

对孩子及时肯定和鼓励

父母要在孩子的良好行为发生时及时对他予以肯定和鼓励，这样能强化孩子对良好行为的认知，孩子会做得更好。

对孩子的肯定和鼓励要具体

对孩子的肯定和鼓励一定要切合实际，使孩子清楚父母赞赏自己的哪些具体行为，使孩子为自己感到骄傲，继续做好这些事情。

父母的语言要能引起孩子共鸣

赞赏孩子时要选用积极向上的词语，它们能给孩子内心带来力量，让他感到自豪和荣耀，这样才能强化孩子的积极行为。

赏识要与教育的目标相关

赏识孩子不仅仅是为了夸孩子，更是为了引导孩子成为一个优秀的人。所以，夸孩子时要给孩子指引方向，使孩子努力变得更优秀。

亲测：父母要多肯定和激励孩子

为孩子的长处而骄傲

父母要永远为孩子的长处而骄傲，而不要为孩子的短处而遗憾。永远不要拿自己孩子的短处与别人孩子的长处比。否则，父母就总会只看到孩子的不足之处，对孩子欣赏不起来。

当众肯定孩子

当众肯定孩子能让孩子获得尊严与荣耀。这是对孩子心灵最大的嘉奖。

让孩子学会自我肯定

每一个孩子都有优点和缺点，这是孩子本我的一部分。如果父母不能肯定孩子的优点，而是经常指出孩子的缺点，就会让孩子自我否定，他就没有办法发挥自己的优势。

教育的首要目的是让孩子学会自我肯定。一个能够自我肯定的孩子，内心才会自信坚定，敢于正视和改正自己的缺点，不断提升自己。

不要拿孩子与其他孩子比较

父母要告诉孩子："你就是你，要相信自己。别人与你不同没有关系，你把自己最好的一面表现出来就可以。"父母的肯定和激励能给孩子的生命以阳光，让孩子的生命充满能量。

想让孩子成为什么样的人，就让孩子深信他是什么样的人。

肯定和激励孩子的话：

你很棒！

你能行！

你将来一定很有出息！

你将来会成为一个了不起的人！

你很有悟性，将来一定会与众不同！

你将来能成为一名科学家。

你将来一定能研究出科研成果。

你将来能成为一名宇航员。

你心灵很美，不用在意别人说什么。

你是一个很善良的孩子。

扫码体验
育儿专家私房课

4

会沟通
才能“走心”

「家庭给孩子的影响会转化成孩子生命的能量，温馨的家庭氛围有利于孩子身心健康成长。」

初中的孩子不好沟通了

孩子进入初中以后，自主意识越来越强，独立思考能力和分析判断能力都有很大提升。他们已经不再像小时候那样需要父母事事提醒自己。如果父母太过唠叨，就会引起孩子的反感，认为父母不信任自己的能力。同时，父母的唠叨也会给孩子造成心理压力，觉得自己已经很努力了，父母还是不放心，就会不高兴，甚至与父母产生矛盾。

一所初中对学生进行了心理调查，85% 的学生反映父母太唠叨，让自己很烦恼，不想听父母多说话，回到家喜欢把门锁上，与家人隔开。

这说明初中的孩子不喜欢父母再像小时候那样说教了，父母要学会主动后撤，重新定位自己的角色和位置，给孩子更多自由和自主权。

亲测：父母要如何与初中的孩子沟通？

爸爸要做好孩子的引路人

在孩子的成长中，爸爸不能缺席。有很多爸爸总是很忙，把教育孩子的事情都交给妈妈，这是不对的。孩子进入青春期后，开始确立自己的世界观、人生观、价值观，对未来有很多思考，需要一个引路人。爸爸需要承担起引路人的职责，对孩子进行引领。爸爸要多关心孩子的思想变化，多倾听孩子的心声，多了解孩子的烦恼和诉求，引导孩子正向思考，使孩子能够向着正确的方向努力。

站在孩子的角度看问题

初中的孩子有很多烦恼，是很需要父母给予实质帮助的。父母不要自说自话，要站在孩子的角度看问题，要用心观察，理解孩子，尊重孩子，为孩子着想，多给孩子分享一些人生智慧，帮孩子化解各种烦恼，孩子就会从心里把父母当朋友。

善于倾听，提出建设性意见

多倾听孩子的诉求，给孩子提建设性意见，让孩子能从父母那里得到实质性帮助。当明白与父母沟通是解决问题的好方法，孩子自然就愿意与父母多交流。

简单的事情不用多强调

对于一些简单、普遍的道理，孩子并非不懂，父母强调次数过多，会使孩子产生厌烦心理，认为父母不信任自己，低估自己的智商，把自己当小笨蛋。这会让孩子不悦。

不再没完没了地唠叨

父母要少唠叨，少说多听，多为孩子提供有实质意义的帮助。

说教太多，会让孩子无所适从。初中的孩子对父母没完没了的数落和长篇的说教是很厌烦的，如果父母自以为是，说出的话又没有营养，对孩子没有实质性帮助，孩子就会对父母产生反感。

学会自我反思

有些父母不爱与孩子沟通交流，很少关心孩子的想法，不懂孩子的心理，一遇到孩子不听自己的话的情况，就发脾气，训斥孩子，与孩子产生矛盾。其实，我们作为父母应该想一想，每当遇到这种情况，真的都是孩子错了吗？自己说的对不对？父母要学会自我反思。善于发现自己错误的父母才是智慧的父母。纠正自己的错误做法，真诚地向孩子道歉，找到恰当的沟通方式，才能与孩子保持有效沟通，让孩子对父母理解，尊重，信任，接纳。

读懂孩子，
才能走进孩子的心里

初中生会面临身体变化、学业压力、竞争压力、情感烦恼，这一系列的事情对于一个处于成长关键期的孩子来说，会难以应对。他们经常被这些事情搞得心烦意乱，情绪失控。我们父母只有了解孩子身心的变化和各种烦恼，才能理解孩子为什么叛逆，为什么难以沟通，为什么情绪失控，才能真正帮助到孩子，做好孩子的后援。

初中孩子的显著特征

有独立见解，但还很幼稚

初中孩子思维的独立性和批判性都有显著提升，他们已经能够对很多事情形成独立见解，不再接受简单的说教和现成的结论，对老师和父母的一些说法会不服气。但是由于思维不成熟，所以他们经常表现出固执、任性和偏激。

期望被尊重、肯定，很在意外界评价

初中孩子追求自由、独立和尊严，希望被尊重、接纳和肯定。他们很在意外界的评价，对家人或者老师的批评指责会强力反击，表现为叛逆，赌气。

不善于管理情绪，比较情绪化

初中孩子负责管理情绪的大脑前额叶还没有发育成熟，因而其情绪管理能力较差，这是初中孩子容易情绪失控的原因之一。此外，初中阶段的孩子的学习压力大，大脑会自动把能量分配给大脑思维系统，而关闭大脑的情绪管理系统。这就造成初中孩子很敏感，对别人的言行很在意。他们高兴时会手舞足蹈，不高兴时会非常失落，情绪波动很大，很容易做出冲动行为。

意志不坚定，自律性差

初中孩子有理想，但是很难将学习同远大理想联系起来。平时只关注完成任务，而不关注完成任务的意义。做事情决心很大，

但是不够坚定，容易动摇，同时行动力差，难以做好自我管理。

思想不成熟，容易走极端

初中孩子能够有逻辑地思考问题，但是不能全面、辩证地看问题，很容易钻牛角尖，走极端。对自我的评价和认识不够客观，取得一次成功就容易沾沾自喜，遭遇一次失利就容易自我否定。

学习压力大，面临激烈竞争

初中孩子会面临学业压力、竞争压力、中考压力等。这些对于一个大孩子来说，是沉重的负担。他们就像一只只小蜗牛，要背负远超自己能力的大包袱，真的很不容易。这些压力都可能造成孩子情绪失控。我邻居的孩子，学习本来不错，但是每天的作业和压力让她难以承受。她妈妈说，孩子每天回到家，都会大哭一场，释放一下情绪。我听了特别心疼，孩子真的太不容易了。

孩子真的不容易。理解孩子的心理，才能理解孩子的各种叛逆行为。我们父母要学会换位思考，站在孩子的角度，为孩子着想，包容孩子，帮助孩子，陪伴孩子顺利成长。

亲测：父母如何与孩子建立沟通机制？

理解和帮助孩子

初中孩子正在经历重要的心理断乳期，会出现情绪波动和闭锁心理。我们父母对孩子要持宽容和开放态度，多理解孩子，不因一些小事情与孩子争吵，多给孩子提供实质性帮助，在孩子需要的时候及时出现，给孩子做好后盾和后援。

理解孩子的情绪，积极沟通

父母要知道孩子情绪失控都是有原因的，不要与孩子针锋相对。当孩子有做得不对的地方，父母要心平气和地与孩子好好沟通，孩子都是通情达理的，只要父母付出诚心，一定能与孩子有效沟通。

尊重孩子的人格

孩子作为有独立人格的人，有自己的各种权利。父母不要以为孩子是自己的，就可以替孩子做主，可以对孩子随意打骂，居高临下地训斥孩子。父母要尊重孩子的人格，维护孩子的尊严，在这个基础上与孩子相处，就找到了与孩子沟通的密码。

不用权威压制孩子

初中孩子正在形成自己的世界观、人生观、价值观，他们通过阅读、观察、学习和实践，在逐步形成自己的价值体系。父母不要用权威压制孩子，最好让孩子用自己的眼睛看世界，用自己的心灵感知世界，用自己的思考理清与世界的关系。

我们父母可以成为孩子成长的陪练，帮孩子理清思路，引导他思考，提升他的认知能力。不要否定孩子的各种看似奇怪的想法，不要否定孩子本身，不要用权威压制孩子。

在孩子的成长过程中，我们要甘当孩子的陪练。记得小儿子上初中时，有时候说话不讲究方法，拿出在辩论队辩论的架势与我说话，我就问他："你同学也是这样与妈妈说话的吗？"他说："对呀，也是这样啊。"我想，他把我当辩论对手了，我就当他的陪练吧。孩子成长，总是需要陪练的，我们要乐于并善于担当陪练的角色，不要用权威压制孩子。

孩子在初中时期，还很青涩，人生经验少，不会变通，常常话中带刺。我们父母作为过来人，一定不要有"玻璃心"，不要与孩子站在同一水平上与孩子一争高低。父母要放低姿态，主动示弱，让孩子扮演一个强势的角色，这样有助于他建立自信。

不是所有的父母都能够忍受孩子的无理态度。有一位妈妈在网上发文，说自己即将中考的女儿对自己态度不好，自己一生气打了女儿，女儿离家出走了。评论区有的人支持妈妈，说孩子就应该严管，有的人批评妈妈，说妈妈不应该这样对待孩子，众说纷纭。这位妈妈感到非常委屈。其实，这位妈妈的做法是不对的。妈妈应该理性看待孩子发泄情绪，特别是面临中考的孩子，心理压力大，要允许孩子发泄情绪，不要用权威压制孩子。这样，孩子的心理才会健康成长。

亲测：争辩有利于孩子成长

争辩有利于孩子思考

争辩能使孩子为了表达自己的观点而积极思考，锻炼孩子的逻辑思维能力和发散思维能力。在争辩过程中，孩子会有逻辑地思考，提出论点，用论据证明自己的观点，也能在争辩中分清是非曲直，提升对世界的认知。

不要压制孩子的想法

当孩子与父母争辩时，父母不要为了维护权威，压制孩子的想法。我们要鼓励孩子表达自己的想法。如果孩子的想法不对，父母可以引导孩子往正确的方向思考，而不是否定孩子，打击孩子。

接纳孩子的想法

如果孩子讲得有道理，父母要接纳孩子的想法，称赞孩子善于思考，这样孩子会更自信。

用简单的方法讲道理

孩子犯错误时，父母要以最简单的方式让他明白道理，而不要喋喋不休，也不要揪住错误不放。这样有利于维护孩子的自尊心。

不给孩子贴负面标签

我小儿子有一个同学，挺聪明的，但是考试经常不及格。有一次，他到我们家里玩，与我聊天。他说：“我以前学习成绩不错，但有一次语文考试，把题目看错了，没有考好，我妈妈就说‘你怎么这么笨哪，居然能看错题？真是个笨蛋’。妈妈骂我是笨蛋，我好伤心，就赌气不好好学习了。这样我的成绩很快就下滑到了班级倒数十名。妈妈很生气，就经常骂我笨。我的自尊心很受打击，就没有心思再好好学习了。”

听到这些，我真为孩子难过。我过去抱了抱孩子，说：“孩子，你妈妈一定是很爱你的，只是她不懂说话方式，给你乱贴标签，伤害了你的自尊心，阿姨替妈妈向你道歉。相信你自己，你根本就不是笨孩子，反而是很聪明的孩子。听阿姨的，鼓起劲，好好学习好吗？为自己争口气，用事实证明妈妈说错了，好不好？”我说出这些话后，孩子点点头，眼睛里含着泪光。我说：“你不介意阿姨回头见见你妈妈吧？”孩子表示不介意。后来我真的找了孩子的妈妈，表达了我的观点。再后来，孩子的学习成绩提上去了，母子关系也正常了。

一个深爱孩子的妈妈，因为口无遮拦，深深地伤害了孩子的自尊心，多么不应该！孩子的亲人一定不要成为伤害孩子最深的人。

我们常看到一些“坏孩子”做坏事，是他们真的就那么坏吗？不是的，没有一个孩子天生是坏孩子。很可能是原生家庭伤害了他们，让他们感受不到爱，才用破坏的手段来发泄内心的愤怒。如果我们走进他们的内心世界，看到的一定是一颗伤痕累累的心。

心理学上有一个术语，叫作“标签效应”，这个效应的意思是说，对一个人的看法就像给他贴上标签一样，会迫使他做出与标签相符的行为。

有些父母一看到孩子的成绩不好，便不分青红皂白地责骂孩子，说他们是笨蛋，没出息。对上初中的孩子来说，被乱贴负面标签，比遭遇失败更痛苦。这些负面标签会成为束缚孩子成长的牢笼。当他面临重大挑战时，脑海里会一次又一次地出现这些负面标签，使他不敢自信地迎接挑战。所以，父母不要用自己的无心之举去伤害孩子了。要多鼓励孩子，肯定孩子，赏识孩子，多给孩子积极的心理暗示，才能让孩子健康快乐地成长。

有人说过：“差生是差老师和差家长联手缔造出来的。”父母们一定不要给孩子乱贴负面标签，这种行为只能使好孩子真的变差。

有教育家说：“没有种不好的庄稼，只有不会种庄稼的农民。”当父母将“笨孩子”“差生”“问题少年”等负面标签贴在孩子身上时，孩子心里就会蒙上阴影，他们会放弃追求自己的目标，那些“聪明孩子”“优等生”“阳光少年”的光环就离他们远去了。

亲测：如何做一个智慧的父母？

多为孩子喝彩

抱有恨铁不成钢心态的父母，常常给孩子贴上负面标签。如果把负面标签换成“其实你很优秀”的鼓励，孩子就会真的越来越优秀。

已经习惯给孩子贴负面标签的父母，应该有意识地提醒自己：难听的话不要随便说出口，多说鼓励的话语，效果会更好。

给孩子积极的心理暗示

美国心理学家罗森塔尔和 L. 雅各布森做过一个实验，实验结论是孩子的成绩与教育者的期待是成正比的。如果父母经常给孩子积极的心理暗示与期待，孩子便会成为优秀的孩子。如果父母乱给孩子贴负面标签，孩子就会成为负面标签所描述的样子。

20 世纪初，意大利教育家蒙台梭利在罗马建立了一所特殊儿童学校，招收了 22 名智商较低的儿童。经过两年的努力，这些孩子顺利地通过了与公立学校同等水平的考试。这个事实告诉我们，没有教不好的孩子，只有不会教的父母和老师。

父母如何对待孩子，在一定程度上决定着孩子的未来。当孩子成绩不理想时，父母可以鼓励他：“下次一定会考得更好！”当孩子惹是生非时，父母可以告诉他：“真正强大的人是能在智力上打败别人的人。”这样，孩子就会向正确的方向成长。

给孩子建立容错机制

孩子在成长过程中，肯定会出现各种各样的错误，不出错误的孩子是不存在的。

面对孩子的错误，我们父母应该如何对待？

通常有三种做法：

1. 指责孩子。

2. 站出来替孩子改正错误。

3. 让孩子自己去分析错误原因，找到纠错方法，自己纠正错误。

前两种方法都是不可取的。第一种方法会让孩子因为犯错误而失去自信。第二种方法不能让孩子从错误中学习成长，孩子以后可能还会犯相同的错误。第三种方法可以让孩子从错误中成长。

孩子是在试错的过程中长大的。容许孩子犯错，让孩子向错误学习，在错误中总结经验教训，在错误中成长，这样孩子就会越来越能干。

父母对待犯错误的孩子的积极方法

允许孩子犯错误，无错误不成长

孩子犯了错误，就会经历痛苦和反思，这种真实的感受对孩子影响深刻，会使孩子从错误中总结经验教训，进行自我反思，自我纠错，不断总结经验，不断成长。

区分有效失败和无效失败

瑞士著名的心理学家马努·卡普尔于 2006 年提出了一套“有效失败”的思维模型。他把成功分为有效成功和无效成功，把失败分为有效失败和无效失败。如果你做了一件事情成功了，但是对你没有帮助，这个成功就是无效成功。相反，如果你做了一件事情失败了，但是你从失败中学到了有用的东西，进步了，这个失败就是有效失败。

所以，我们看待孩子的失败时，要看失败对孩子是不是有效的，而不能一概否定失败。

卡普尔希望通过这个思维模型，让大家认识到有效失败在学习中的积极作用。

我将通过一个例子来解释这套思维模型。有一位语文老师让同学们用 PPT 讲述一个历史故事。有几个同学让爸爸妈妈替自己制作 PPT，从内容到编排、从字体到图片都做得很精美，获得了老师的好评。而另一个孩子自己花了一天时间制作了一份 PPT，用李白的诗歌讲述盛唐的繁荣。但是因为这个孩子不善于制作 PPT，他做出的 PPT 一点也不精美，在班上没能得到好评。孩子很沮丧，感到自己很失败。

用“有效失败”的思维模型来看，获得好评的那几份 PPT，是一种“无效成功”。因为这几个 PPT 是父母做的，孩子并没有在这个过程中学到本领。而没有获得好评的那个孩子制作的 PPT 虽然效果不好，但是 PPT 是他通过自己的思考、摸索、尝试而制作出来的，他从中学到了本领，掌握了制作的技能。如果要将他没能获得好评视为失败的话，这样的失败就是“有效失败”。

因此，我们父母在看待孩子的失败和错误时，要区分“有效失败”和“无效失败”。遇到孩子出错时，不要急着批评孩子，而要先与孩子一起分析这是“有效失败”还是“无效失败”。如果是“有效失败”，就与孩子一起找到有意义的部分，把孩子的积极情绪调动起来，帮助孩子在纠正错误中进步。这样，孩子就能够从失败中学习，从失败中成长。

这样，我们父母就能够理性、辩证地看待孩子犯的错误，不再情绪化地指责孩子。孩子也不再害怕失败。因为他知道，失败也是一种人生经验，他可以在试错、纠错中成长。

这就是给孩子建立的容错机制。这种机制让孩子在错误中学习，在失败中进步。孩子不再把失败和错误当成丢人的事情，而是作为一种宝贵的人生体验和成长路上的台阶。孩子相信踏着这些台阶前进，自己会取得更好的成绩，变得更优秀。

父母要做孩子的“容器”

谷爱凌在 2022 年北京冬季奥运会上，一举夺得两块金牌、一块银牌，取得巨大成功。当时引发了一场关于家庭教育的讨论和反思。谷爱凌妈妈的哪些做法值得我们学习？我们应该怎样教育孩子？

我当时仔细看了很多关于谷爱凌成长的介绍和谷爱凌妈妈的教育方法，深知谷爱凌的成功与她妈妈的教育密不可分。谷爱凌的妈妈谷燕生活在中西两种文化之间，她融合了两种文化背景下的教育方法，让孩子从小自由发展，并积极开发孩子的潜能，使孩子各项能力都得到齐头发展。谷爱凌上初中以后，把滑雪作为自己的努力方向，但对各科的学习也一样不落。谷燕以良好的心态和包容的胸怀接纳孩子的所有成功和失败。正是这样的家庭教育，让谷爱凌心态阳光，敢于冒险，不怕失败。

在北京冬奥会自由式滑雪女子大跳台决赛第二跳中，谷爱凌决定冒险，做高难度的向左偏轴转体 1620 度的动作，妈妈积极支持，结果谷爱凌一举夺冠。一般来说，运动员在赛场上会承受很大的心理压力，熟练的动作都可能会做变形，而谷爱凌在决赛的关键时刻，决定做完全不熟练的动作，这种胆识与勇气实在可嘉。妈妈的支持，给了谷爱凌极强的精神力量。正是妈妈的包容、理解、支持，成就了谷爱凌的卓越。

从谷燕的身上，我懂得了优秀的父母要做孩子的“容器”。当孩子要行动时，支持他，鼓励他；当孩子遇到挫折时，要安慰他，激励他；当孩子把事情做好时，要肯定他，赞扬他。要让孩子的生命力能够自由勃发。

父母如何做孩子的“容器”

给孩子足够多的爱与自由

当父母给孩子足够多的爱与自由，孩子的内心就会生出很多自信与热爱。他会凭自己的天性去学习喜欢的各种知识、技能，而不用担心父母的约束。在宽松的家庭环境中长大的孩子，内心更自信，敢于去冒险，去探索，不怕失败。

给孩子足够的包容

父母不要给孩子的成长设限，要让孩子可以去尝试自己喜欢的各种新鲜事物，在经历和失败中寻找到自己的兴趣和发展方向。

给予孩子最大支持

当孩子决定去做自己感兴趣的正确事情时，父母要全力支持，陪同到底，无怨无悔。一旦孩子失败了，父母要给孩子托住底，让孩子没有后顾之忧。

没有一个孩子会随随便便成功，所有的成功都是有准备的。每一个优秀的孩子背后，都站着优秀的父母。

父母自修室

我是不是一个心态平和、内心坚定的父母？是否能够做孩子的“容器”，为孩子兜住底，让孩子自由、无畏地成长？

扫码体验
育儿专家私房课

5

破译青春期孩子的心理密码

「青春是一本太仓促的书。——席慕容
青春是人生最快乐的时光，这种快乐完全是因为它充满希望。——卡莱尔」

情绪敏感期的孩子

孩子进入青春期以后，随着身体发育，体内的荷尔蒙大量分泌，情绪变得捉摸不定。原来亲密的亲子关系也变得微妙起来，孩子不再把自己的心声告诉父母，有小心思也不对父母讲，而是写进笔记本里。亲子沟通也不再像以前那么顺畅。孩子会因为父母的唠叨而心烦，因为父母干预过多而突然翻脸。

青春期孩子的情绪特征

情绪敏感

青春期孩子的视野从家庭和学校扩展到了社会和人生，开始关注和思考很多社会和人生问题。他们对外部世界的刺激变得敏锐，情绪很容易受环境影响而起伏不定。

容易冲动

青春期孩子热情奔放，情感丰富强烈，不会像成年人那样去控制情绪，而是随性行动，很容易做出很多冲动的事，喜怒哀乐的极端情感一触即发。

情绪起伏不定

青春期孩子充满活力，富有激情，思想活跃，喜欢刺激，一旦被满足就会欢天喜地，得不到满足就会失落无助，心情如过山车，起伏不定。

情绪多变

青春期孩子的情绪很容易受外部环境的影响，既会表现出激动、开心、乐观的积极情绪，也会表现出郁闷、悲观、恐慌的消极情绪。他们每一种情绪状态的持续时间都比较短，像天气一样变化多样。

孩子的这些情绪波动，会给他们带来很多烦恼，影响日常学习生活。我们父母要能理解孩子这个时间段的心理特征，多关心孩子，帮助孩子建立积极的思维方式，用积极情绪代替消极情绪，让孩子平稳度过青春期。

亲测：如何帮助孩子顺利度过情绪敏感期？

培养孩子广泛的兴趣和爱好

兴趣爱好越多，可以取悦心灵的东西越多，孩子的心里就会有越多的快乐。父母要让孩子多参与各种活动，展示自己的才华，收获成功的喜悦。

引导孩子学会换位思考

孩子的很多负面情绪，都与思维方式有关。当孩子思维中的消极因素太多时，就会产生消极情绪。父母要教孩子学会换一个角度想问题，就能让孩子看到不一样的结果，孩子就不会再钻牛角尖了。

帮孩子学会管理自己的情绪

当孩子不开心时，父母要鼓励孩子找朋友玩，画画，听音乐，出去运动，阅读，从而帮助孩子走出负面情绪，恢复愉快心情。

帮孩子结交积极乐观的朋友

孩子如果有很多积极乐观的朋友，受朋友影响，心态就会积极乐观，遇到困难就能主动想办法，孩子的情绪就会比较稳定。

教孩子了解自己的情绪

现在很多孩子都会说："我 emo 了。"父母听得莫名其妙。什么是"emo"？问得多了，孩子会认为父母落后了，连"emo"都不懂。"emo"是现在的一个网络流行语，是英文 emotional（情感的，情绪激动的）的缩写，原本是一种情绪化的音乐风格，但到了互联网世界，被年轻人衍生出了"忧郁""伤感"等含义。年轻人有任何不开心，都会说"我 emo 了"。这代表了现在年轻人心理很敏感，很容易受大环境的影响。如果孩子说自己"emo"了，就是代表他不开心，心情不好，这时我们父母要多关注孩子，多给孩子做心理疏导。

每一个人都会有各种情绪，情绪是我们内心受外部环境影响而产生的一种心情波动。让孩子了解情绪是从哪里来的，有助于孩子更好地管理自己的情绪。

情绪是从哪里产生的?

我们的脑结构包括爬虫脑、哺乳脑、皮质脑三部分。

爬虫脑又称为本能脑，在我们的人脑的最里面，对应着脑干和小脑连接着脊椎根部，本能地管理着我们身体各器官的运转，比如呼吸、心跳、血压、睡眠、血液循环。

哺乳脑又称为情绪脑，在人脑中间，对应着丘脑、大脑杏仁核、海马体等边缘系统，负责感知、记忆和情绪。其中大脑杏仁核负责产生情绪，并产生相关的记忆。

皮质脑又称为理性脑，在人脑的最外层，主管着高级思维活动。皮质脑占总脑容量的三分之二，根据功能不同分为几个脑区。其中前额叶是大脑的“司令部”，控制着人的高级认知功能，负责情绪管理和行为管理。

也就是说，大脑杏仁核负责产生情绪，前额叶负责管理情绪，它们互相配合，就能使人合理地表达情绪，有效地管理情绪。

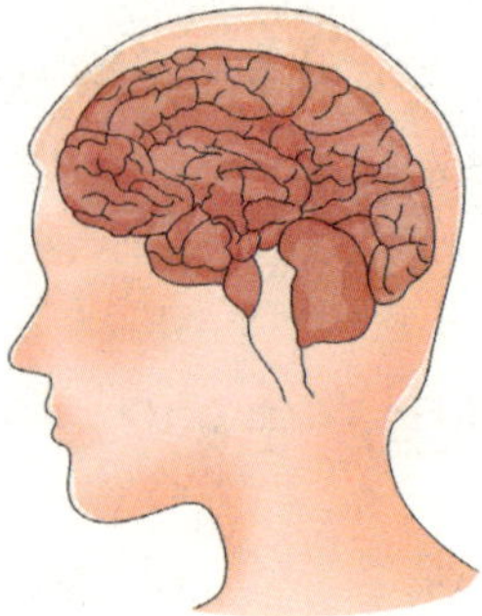

各脑区是如何协同管理情绪的?

当我们看到一条像蛇一样的东西时，大脑的杏仁核就会马上发出预警信号：危险！并把信息传递到前额叶，同时本能地产生害怕情绪。前额叶收到信号，立即做出分析判断：是蛇还是绳子？哦，是绳子！于是立即解除预警，我们的紧张情绪就消除了。在这个过程中，杏仁核负责产生情绪，大脑皮层负责做出理性判断，并管理着我们的情绪。

位于大脑中央的边缘系统就像一个内置的存储卡，存储着大量的情感记忆，包括积极情感和消极情感，这些情感强烈影响着我们的情绪状态，使我们表现出不同的情绪。

青少年为什么容易情绪波动

大脑杏仁核就像是一个高级预警装置，每天在不停地工作着，当外部刺激发生时，它就会迅速感知并做出情绪反应（比如孩子摔跤时，马上就会哭，就是这个原理）。同时，负责管理情绪的前额叶要到人 23 岁左右才能发育成熟。所以孩子在成长的过程中，产生的情绪多，而管理情绪的能力跟不上，负责产生情绪和管理情绪的两个系统不匹配，这就造成了孩子特别容易情绪化。

孩子进入青春期，激素分泌增加，性别特征越来越明显，身体的变化会让孩子感到很不适应，很烦恼。异性同学的评价也会直接影响孩子的心情。

孩子进入初中以后，学业难度增加，考试的压力和竞争的压力都会影响孩子的心情。

所以，青少年容易情绪波动，遇到挫折容易情绪低落，遇到刺激容易冲动。

孩子常见的烦恼心理

1. 我很想每天都高高兴兴的，可是总会有一些事情让我不开心。当烦恼的情绪出现时，我很想发脾气，很想大闹一场。可是我如果那样做，别人就会说我不是好孩子。所以，我只能在心里默默忍受，不把脾气发出来。唉，当一个好孩子太难了。

2. 妈妈说我不如邻居家的孩子优秀，我真生气。她怎么可以这样轻视我？她是我的亲妈吗？

3. 数学考砸了，我很难过，我真的很没有用。我妈妈会怎么看我？我爸爸会不会批评我？

4. 我被同学冤枉了，心里好像有一匹脱缰的野马在狂奔，真想同他打一架。

亲测：教孩子正确表达情绪

想哭就哭出来吧

如果很想哭，就痛痛快快大哭一场，把自己心里积压的难过情绪哭出来。哭出来以后，心里就舒服多了。

把烦恼告诉别人

找爸爸妈妈或者好朋友聊天，把自己心里的烦恼告诉他们。旁观者清，他们能更冷静地指出问题的关键，从而帮助你分析问题，出谋划策。倾诉，是释放情绪的好办法。

出去运动释放情绪

运动可以释放心理的压力，使精神放松下来。而且，运动可以让人释放多巴胺，使人神经系统兴奋，心情轻松愉快。

听听音乐转化情绪

通过听音乐把难受的心情转化成愉悦的心情。音乐具有很好的治愈作用，当心情不好时，听听轻音乐，心情就会好很多。

亲测：让孩子学会接纳和转化情绪

正视情绪、接纳情绪

先告诉自己，我现在不高兴，我就与这种情绪待一会儿好了。然后想想：是什么原因让我不高兴呢？当找到原因以后，就会发现，我真没必要因为这事不高兴。这时，出去玩一会儿，我就可以在玩耍中把不愉快的情绪释放出来。

合理发泄负面情绪

情绪是我们内心感受的真实反映，当感到很生气，又不能管住自己的情绪，很想发脾气时怎么办？是爆发出来还是忍着？爆发出来吧，但发脾气、摔东西等冲动性行为会引起不好的后果，给自己或者别人带来麻烦。忍着吧，又会让自己心里很不痛快，影响身心健康。怎么办呢？可以发泄出来，但尽量用合适的方式，以免造成与他人的情绪冲突，这样才能赢得别人的理解和认同。

转移注意力，化解消极情绪

转移注意力是一种积极的情绪管理方法。当很生气时，要及时用理智告诉自己，别这样，想一些别的事情，转换一下念头，不纠结这个事情。当注意力转移时，负面情绪的影响就没有那么大了。

亲测：引导孩子管理情绪

理智面对问题

一些孩子遇到麻烦事时，容易冲动，喜欢用打架的方式解决问题。父母要告诉孩子，遇事要先让自己冷静下来，等控制住冲动情绪之后，再来解决问题。因为生气时，头脑很不冷静，做出的事情往往会给自己带来不利影响。

学会放松自己

当感到烦恼、害怕时，可以通过深呼吸使自己放松。深深地吸气，慢慢地呼气，让自己的身心放松。也可以用心理暗示的方法，告诉自己，我现在全身很放松，没有一点压力，也没有什么值得烦恼的事情。

学会换一个角度看问题

很多烦恼都是大脑对外部刺激过度反应的产物，事情可能没有那么严重。转换一下思维方式，换一个角度看问题，就会发现，事情没有那么糟，大可不必让自己那么紧张，那么生气。当我们这样想时，情绪就不会那么强烈了，心情就会好很多。

像看电影一样看待情绪的起落

当消极情绪来敲门，让自己感到不高兴、生气甚至愤怒时，首先想一想：哦，这是一种负面情绪，我确实感受到了它的存在，我先接受它。然后想想：是什么原因造成我不高兴呢？是我的原因还是别人的原因？大度地原谅自己或者别人吧。当自己站在一个旁观者的角度冷静地观察情绪、分析情绪时，就能够理性地管理好自己的情绪了。

走出“失败综合征”的阴影

孩子常遇到的挫折包括：学习不得法，上课听不懂，不会做作业，成绩不理想；得不到老师和同学的信任，被忽视；在班级里没有知心朋友；被父母拿去跟别的孩子比，受到父母焦虑情绪的影响而承受比较大的心理压力；原生家庭有问题而变得心理脆弱敏感；等等。这些挫折处理不好，会对孩子的身心健康造成负面影响，使孩子陷入“失败综合征”的阴影中。

孩子常见的心理受挫原因

重复失败的经历

孩子一次又一次不能完成目标，反复体验挫折，会感到永远也走不出失败的阴影。这种无助感会使孩子选择放弃努力。

对失败的不正确归因

孩子往往会认为失败不是自己能够改变的，而是由自己无法控制的因素决定的。比如自己太笨，没有希望；老师教不好，自己听不懂。

父母不正确的评价

父母对孩子的负面评价会加重孩子的“失败综合征”。比如，父母说：“连这个都不会，你真笨。”这些令人泄气的评价，会让孩子信以为真，从而大大打击孩子的自尊心和自信心，使孩子怀疑自己的能力和价值。

亲测：带孩子走出“失败综合征”的阴影

帮孩子清除学习障碍

孩子在学习的路上会遇到许多障碍。如果孩子知识积累不够，或者学习方法不对，造成基础不牢、上课听不懂、不会做作业的情况，会让孩子有挫败感。父母需要帮助孩子找到障碍是什么，帮助孩子弥补知识缺漏，打好基础，重建信心。

找到改变的突破口

如果孩子各个学科成绩都不好，孩子就会自暴自弃。因此，可以帮助孩子找到一门他比较感兴趣的学科，集中精力学好这一门学科。以此为突破口，让孩子体会到成功的喜悦，总结出学习方法，为学好其他学科打好基础。

采取逐步前进的策略

成绩不好的孩子很难马上全面提升学习成绩，这时便要引导孩子将大目标分解成较容易实现的小目标，让孩子一直带着成功的喜悦去攻克一个个小目标。

帮助孩子正确归因

教孩子将成功归因于自己的努力，将失败归因于缺乏努力等孩子能控制的因素，有助于孩子保持积极的心态，端正学习态度，增强学习自信心，孩子能通过不断的努力改变现状。

让孩子认识到自己的价值

有“失败综合征”的孩子往往认为，父母和老师会把自己的学习成绩与自己的价值等同起来，自己学习成绩不好，自己在他们眼里就没有价值。这种思维方式会导致孩子失去自信。父母要改变孩子的认知，让孩子知道，学习成绩不好，不代表没有价值。孩子的价值与学习成绩之间不能画等号。父母要通过夸奖孩子其他方面增强孩子的自信，改变孩子的认知。

对孩子保持高期望值

在孩子多次失败后，许多父母会对孩子丧失信心，降低对孩子的期望值，这会直接影响孩子的自信和成功欲望。父母要信任孩子，对孩子保持高期望值，激励孩子通过努力去证明自己。

做一个善于做积极评价的父母

父母对孩子的评价会极大地影响孩子的自尊和自信，所以，父母要避免给孩子贴负面标签，避免用使人丧失信心的话来评价孩子的学习和能力，从而避免使孩子进入“习得性无助”的状态。父母在评价孩子时，要多注重对孩子学习过程的评价而不要太看重结果，要拿孩子的现在跟过去比，不要拿自己的孩子与其他孩子比，对孩子的每一点进步都要给予赞赏和肯定，而不要说孩子还有很多不足。这样的评价才能给孩子带来信心和正能量。

现如今孩子的心理健康越来越重要，其重要性远超过孩子的学习成绩。所以，父母要重视孩子的心理健康，重视自己的教育方式，给孩子提出的学习要求要符合孩子的能力，对孩子说出的话要有营养，要能够起到正向激励作用。

给孩子的大脑装一套积极的思维系统

我先生朋友的侄女是一所 985 大学的博士生，非常优秀。但是，这个孩子经常情绪低落，难见笑颜。朋友知道我先生有一套情绪管理方法，就请我先生帮帮这个孩子。

我先生专门制订了一套方案，每周给这个孩子做两次心理辅导，每次两个半小时。

第一次辅导时，我先生让这个孩子诉说自己的感受、自己的成长经历、自己的心情。这个孩子边哭边说，哭了两个半小时。

原来，在她小时候，她的父亲曾经不止一次在酒后说，你不好好学习，我就把你送给别人。这深深地伤害了她，给她留下了很深的心理阴影。她一直在恐惧中成长，也在恐惧中不断要求自己好好学习。现在虽然读博士了，但是她一点都不自信，仍觉得自己是被父亲嫌弃的人，是不被祝福的人。

随着博士即将毕业，她内心越来越不安，总觉得自己毕业后会找不到工作，没有能力养活自己，父亲会嫌弃自己，自己一点用都没有。这些想法，直接把她给击垮了。

我先生对此特别感慨，说要给她的大脑“重装一套系统”，让她改变认知。我先生每一次都告诉她一些思维方法，给她布置

作业，让她对照练习。

经过七次心理辅导，这个女孩已经有了很大改变，脸上有了轻松的笑容，心情也好了很多。女孩对自己的变化很开心，专门写了一封很长的感谢信寄给我先生，信中说："叔叔，谢谢您救了我。我现在感觉到幸福了，对未来也有信心了。朋友都说，从来没有见过我笑，怎么突然这么爱笑了……"

我先生也感到特别开心，他说会持续给她辅导，直到她变得正常。

这件事情让我充分认识到，在孩子的成长过程中，父母对孩子的影响有多大。给孩子输入积极的信息，孩子的内心就会阳光灿烂；给孩子输入负面的信息，孩子的内心就会阴云密布。因此，我们要给孩子输入积极的信息，让孩子愉快地过好每一天。

这些积极信息包括正确的三观。孩子建立起积极的三观，他们看到的世界就会是美好的，思维方式就会是积极的，心理就会是健康的。

孩子看待世界的方法受思维方式影响，而思维方式受三观的影响。当孩子的三观出了问题，他内心的世界就会是倾斜的，他看到的人和物就会变形，他的心灵世界就会与别人不一样。改变孩子的认知，首先需要纠正孩子的三观。我们要用正确的价值观、人生观、世界观引导孩子，帮助孩子学会积极的思维方式，从而改变孩子对世界的认知。

当孩子用积极的思维方式看世界时，他对世界的认知就是正向的，眼里的世界就会是精彩的。积极的思维能引导积极的行动，积极的行动会导致积极的结果。孩子用积极的心态学习，学习效果就会好，学习成绩就会不错。孩子用积极的思维看人，他看到的人都是正向的，他与人相处就会和谐。同时，他身上的积极能量能够影响周围的人，从而让他拥有和谐的人际关系。

积极的思维方式还能够引导积极的情绪。孩子拥有很多积极情绪时，就能够用积极情绪影响和处理消极情绪，孩子就会快乐起来。

亲测：如何帮孩子学会积极的思维方式?

引导孩子树立正确的三观

三观是孩子认知的根基，也是做人的根基。当孩子拥有正确的三观，他做人的方式、看待世界的方式、与世界相处的方式就会是正向的，心态就会是积极的，情绪也会是积极正向的。

引导孩子追寻内心的激情

当孩子内心对生活充满好奇与激情，就会主动去尝试各种新鲜事物，主动去学习，敢于去面对困难，遇到问题会主动想办法解决。

引导孩子欣赏身边的美好

引导孩子学会用欣赏的眼光看待生活中的人和事物，用敏锐的心去感知和体验生活中的美好，用积极的行动去创造和维护这些美好。

引导孩子学会感恩

教孩子学会感恩。感谢父母的养育之恩，感谢老师的培育之恩，感谢大自然给我们提供生存资源，感谢许多人为保障我们的生活做出的努力，感谢身边的人带给我们快乐和善意。学会感恩，孩子才不会自私，才会变得宽容，不计较，不抱怨。

引导孩子学会传递自己的善意

引导孩子对所有的生命心怀善意。无论是我们人类还是其他生命，都是地球生态系统的一部分，共同构成了我们生存的自然环境和社会环境。要让孩子懂得感恩它们的存在，对一切生命心存善意。不要迁怒于别人，要用爱心对待周围的人和事，主动帮助别人，理解别人，把奉献当成对自己生命的嘉奖。

帮助孩子戒掉游戏瘾

我的两个孩子上中学时都迷上过游戏。记得那时候，大儿子玩的是网络游戏，如果游戏没有告一段落，对方没有下线，他就不下线，他认为这样做是遵守信用的表现。等游戏结束以后，他才开始做作业，经常到凌晨 1 点还没有睡觉。虽然他的学习成绩一直保持在年级前列，但是我很担心他的身体健康，就很认真地同他谈了游戏的危害。他说，每天学习很辛苦，玩游戏只是为了放松。我说，想放松可以，但是必须限制时长，不能晚于晚上 11 点睡觉。既要做作业，又要早睡，他觉得再玩游戏没有什么意思，就主动不再玩了。小儿子从初一下半年开始接触游戏，我就找他谈话说："你说说看，为什么要玩游戏？"他说："同学课下都在聊游戏，我完全听不懂。为了证明我能比他们玩得好，我就开始研究游戏了。"我被他这种认真劲儿搞得哭笑不得，说："你想研究一下也不是不可以，但是玩游戏很容易上瘾，既影响学习又伤害身体。你可以研究，但是要保证不能上瘾。"后来我发现他还是上瘾了，一有空就玩游戏。我就让他爸爸出面同他谈了一次话。后来我知道，从谈话那天起，他主动戒掉了游戏。

很多孩子都有玩游戏的经历，游戏也害了很多孩子。我的两个孩子虽然只是阶段性地玩了游戏，但是当时我也很担心。帮助孩子戒掉游戏瘾，是所有父母共同的心愿。

为什么孩子会对游戏上瘾?

网络游戏的“万有引力”

爱玩是孩子的天性，网络游戏的代入感和沉浸感，唯美的画面和身临其境的场景，不断更新的任务和挑战，使孩子对游戏有新奇感、刺激感、成就感。他们在沉浸式体验中欲罢不能。

青少年成长中的烦恼

孩子进入青春期后，不愿意再被父母约束，就想待在自己喜欢的地方自娱自乐。同时，学习压力增大，老师的批评、父母的责备，让他们十分烦恼，需要寻找发泄情绪的出口。游戏世界正好满足了孩子的内心需求，完成任务的成就感会吸引孩子沉浸到游戏世界里不能自拔。

应试教育使孩子对学习失去兴趣

各种考试、竞赛、评比对孩子造成了很大的心理压力。应试教育的特点使一些教师更重视显性的成果，把丰富复杂的教学过程简化成了知识传输活动，导致课堂教学程式化，缺少对孩子智慧的启迪和好奇心的激发，使孩子对学习失去兴趣。

家庭教育的不到位

父母在高压的教育大环境中，会给孩子制造各种学习压力，缺乏对孩子内心感受的关注，让孩子产生强烈的逆反心理，从而到游戏世界里寻找心理代偿。

孩子沉迷游戏有哪些危害?

对孩子生理的危害

长期玩游戏会使大脑高度兴奋，导致孩子产生一系列复杂的生理变化，如植物神经功能紊乱、机体免疫力下降、视力下降、睡眠功能紊乱、头晕等，影响孩子身体健康和成长发育。

对孩子心理的危害

游戏把孩子封闭在虚幻世界中，使孩子与现实世界形成隔膜，无法回到现实世界和书本中学习，由此造成学习成绩下降。成绩的下降、父母的埋怨，又会加重孩子的心理负担，让他们焦虑，紧张，抑郁，出现心理疾病。

对孩子道德的危害

游戏世界的攻击、打斗场景会模糊孩子的认知，影响孩子的三观。一些孩子会把游戏场景带入现实世界，不顾道德和法律的约束，模仿并制造出暴力事件，给自己和他人造成伤害。

对孩子行为的危害

一些孩子可能因沉迷网络游戏而无法专心学习，造成学习成绩下降，失去对学习的信心与兴趣，在现实世界中迷失方向，找不到生活的意义。

对家庭关系的危害

因沉迷网络游戏，一些孩子对父母漠不关心，对父母的劝导产生严重逆反情绪，使亲子关系变得很紧张。一些父母被迫把孩子送到专业机构去戒游戏瘾，这反过来又会对孩子心理造成伤害，使亲子关系进一步恶化。

亲测：帮助孩子远离游戏

深度谈话，触动孩子的心灵

记得春节期间，孩子的爸爸在阳台上同小儿子进行了一次深谈，告诉他，玩游戏会消磨他的青春，会导致他所有的梦想变成空想。那天晚上，小儿子泪流满面。两个月后的一天，小儿子告诉我，他已经戒掉游戏两个月，完全不玩了。我当时深深地为小儿子的自我觉悟和自我约束感到骄傲。我知道要想改变一个长期养成的习惯多么不容易，但他果断戒掉了游戏，而且戒得很彻底。由此，我知道，想让孩子戒掉游戏瘾，得让孩子从内心受到触动，让他自己认识到游戏的危害。自己主动戒掉，比外力强制戒掉有用得多。

培养广泛的兴趣和爱好

孩子玩游戏，是因为生活中的乐趣太少。培养孩子广泛的兴趣，让孩子在参与活动、展示自己才能的过程中发现乐趣，认识到自己的价值，他就会重新规划自己的生活。

带他结交优秀的朋友

让孩子远离那些散漫的孩子，带他结交优秀的孩子。近朱者赤，他会在无形中受到积极影响和精神引领，思考如何让自己变优秀。这种内在的催化作用胜过父母的说教。

参与孩子的自我管理

很多有游戏瘾的孩子自我管理能力都比较差。他虽然心里想远离游戏，但是管不住自己。他也会埋怨自己浪费时间，但是管不住自己内心的欲念。如果父母每天唠叨，埋怨，只能事与愿违，引起他们的反感。所以，父母要做到不抱怨，积极参与到孩子的日常生活中，协助孩子做好日常事务管理、时间管理。当他们能够把自己的事管理得井井有条时，也就有能力管理好时间了。

训练孩子的意志力

想让沉迷游戏的孩子戒掉游戏瘾，就像让一个抽烟的人戒掉烟瘾一样困难，难就难在意志力。有意志力的人做任何事情都更容易成功。这需要父母和孩子一起坚持，不要放弃。父母要经常鼓励孩子，给孩子加油打气，告诉孩子，他能够戒掉游戏瘾，并且将来会成为一个了不起的、受人尊敬的人。

父母自修室

我的孩子是不是一个心态阳光的孩子？我是否经常与孩子谈心，了解孩子的心理？在孩子情绪崩溃时，我是不是能够及时疏导孩子的情绪？

扫码体验
育儿专家私房课

6

教孩子必备的生存技能

「初中的孩子，逐渐脱离父母的视线，
父母要教孩子必备的生存技能，
培养孩子的安全意识，让孩子远离危险。」

发生火灾了该怎么办

小学阶段，学校会组织学生到消防队去，听消防员讲火灾的知识。在消防队室内中间，有一根从二楼直达一楼的滑竿，二楼的消防员出警时，会快速顺着滑竿滑下来，而不是走楼梯下来。他们的消防衣平时都摆放成可以直接穿进去的状态，消防员从楼上滑下来以后，就会迅速穿上消防衣出警。消防员给孩子们现场演示了快速出警的全过程，让孩子们知道，火灾一旦发生，消防员会争分夺秒到达现场，为被困人员争取生机，为财产安全提供保障。

虽然消防员会尽力把灾害损失降到最小，但是火灾无情，避免火灾发生是每一个人都要做的事情。父母要让孩子学习火灾知识，懂得火灾的危险性，不玩火；遇到火灾发生时要冷静应对，快速逃生，才能保障自身安全。

火灾的特征

室内火灾大多是由外部火源点燃固体可燃物引起的，比如烟头掉在沙发或棉被上，电线短路点燃周围物品等。让孩子注意日常行为，可以避免火灾的发生。

火灾一旦发生，发展非常迅速。人们只有不到 5 分钟的黄金时间安全逃离火场。火会让现场温度升高，热辐射瞬间就能把人的皮肤烧伤。而且现场一旦着火，就会产生大量烟雾，在场的人会因为吸入烟雾而窒息。在烟雾中，能见度降低，安全逃生会变得非常困难。所以，及时逃离现场，才能为逃生争取时间。

让孩子树立安全意识

树立火灾防范意识，主动规避火灾

学校一般都会开设消防课程，许多城市的消防教育馆也会组织教学活动，但是父母仍然需要时常提醒孩子注意规避火灾。多给孩子讲授火灾知识，让孩子重视这个问题。

许多火灾是由孩子玩火造成的。而且孩子心智尚未成熟，看见起火，会因为害怕而跑掉，致使火势迅速蔓延。父母要告诉孩子，玩火非常危险，不可尝试；发现火灾要迅速拨打火警电话 119 报警，报警时要讲清楚火灾地址、起火部位、着火物质、火势大小、姓名和电话号码。

留意周围环境，远离危险场所

拥挤、出口不多或通道狭窄的公共场所十分危险，父母要让孩子不要前往这些地方。父母要告诉孩子，每到一个新的环境，要习惯性地检查消防出口的位置。

学习消防知识，主动规避风险

让孩子学习一些消防知识，懂得灭火器的正确使用方法及正确的火场逃生方法。孩子一旦遇到火灾，要沉着应对，确保自己能尽快逃生；在保证自身安全的情况下，再尽可能地帮助别人。

火场逃生方法

争取时间

当高层建筑发生火灾，如果一时无法逃生，孩子要立刻朝火势小的方向逃离，然后向窗外呼救，争取得到周围人和消防人员的营救。

当邻室起火，切忌开门。可能的话应把起火房间的门关紧，把火焰、浓烟封闭在一个房间之内，防止火势迅速蔓延，为灭火和逃生争取宝贵时间。

靠近地面

看到烟雾和火焰，马上弯腰趴下，爬行，用湿巾捂住口鼻滚过烟火区。因为高处的烟雾浓度比低处高，地面会残留新鲜空气。逃生时，经过浓烟地带，最好屏住呼吸，防止吸入有毒气体。

用湿毛巾掩住口鼻

逃离时，尽可能用湿毛巾掩住口鼻。也可用水打湿衣服、纸巾等掩住口鼻。

着火自救

当大火已将身上的衣服烧着时，可以就地打滚、用水浇或者扑打火苗。这时绝不能跑，越跑火烧得越旺，越容易烧伤身体。如果被烧伤，要把烧伤处的衣裤剪开散热。如果身边有水源，要尽快用水给被灼伤的皮肤降温，这样可以减轻烧伤程度。

地震自救知识早知道

学校每学期会开展地震逃生模拟演习。演习一开始，学校警报大作，孩子们会迅速离开座位，快速有序地撤出大楼，然后到操场指定区域安静地坐在地上，一点不慌乱。我觉得每一所学校每一个学期都应该组织孩子们演习，让孩子们熟练掌握逃生方法。

我国是一个多地震的国家。地震会危及人们的生命财产安全。教给孩子安全逃生知识，可以更大程度地保护孩子。

记得汶川地震发生时，有一所中学的全体学生在很短的时间内，全都有序地撤离出了教学楼，无一伤亡。这得益于校长平时经常带领学生们开展模拟逃生演习，全体同学都能在地震第一时间自觉有序撤出。所以，经常带孩子做模拟逃生演习，让孩子把逃生规则熟记于心，在地震发生时，孩子就能镇定应对。

地震的特点

地震往往突然发生，个人很难预防。地震发生时，会引起房屋倒塌，危及人们的生命财产安全。如何在最短的时间内实施自救非常重要，这就需要抓住自救的黄金时间。一般来说，在震中及其附近地区，从地震发生到房屋倒塌，一般有十几秒的时间让人们自救。房屋整体倒塌更需要几分钟的时间，牵动性的破损和倒塌还会更慢，这就给人们自救逃生提供了宝贵的时间。

地震引起伤亡的原因

1. 人们被房屋倒塌砸伤或挤压导致伤亡。

2. 人们吸入大量粉尘导致窒息而死。

3. 人们因高度紧张，精神崩溃，在极度恐惧中放弃求生。

国际通用地震自救原则

1. 地震发生瞬间先躲藏，结束晃动后迅速撤到户外。

2. 在室内躲藏时要躲靠在支撑力大而且自身稳固性高的物体旁边，利用“生命三角”保护自己。

3. 在室外避开高大建筑物、窄小胡同、高压线、变压器、陡山坡、河岸等。

室内躲藏方法

迅速找到躲藏地点

地震导致人员伤亡主要是由于房顶塌落将人砸伤和吸入粉尘导致窒息。躲在桌子底下、床底下是不明智的，因为床和桌子的面积大，被掉落下来的水泥板等砸中的几率很高，而且其承重力不够，会殃及躲藏在下面的人。所以，要尽量躲靠在支撑力大而自身稳固性高的物件旁边，利用房顶塌落的水泥板与支撑物间形成的救命三角空间保护自己。在这个空间中既容易呼吸，又便于他人救助。

躲藏时要避开易燃易爆物品

躲藏时快速观察一下周围环境，避开炉具、煤气、液化气和电器等危险物品。

尽可能躲靠在附近建筑物的外墙旁

靠近外墙，便于震后自救和被救。

注意逃离方式

千万不要在晃动时逃离，不能使用电梯逃离，更不要从楼上跳下。

公共场所避难和求生

在公共场所遇到地震，千万不能乱跑、乱挤，要就地躲藏。否则会因为混乱踩踏造成不必要的伤亡。

室外防震

最好的室外防震去处是马路旁边或宽阔场地，救护和联络都比较方便。如果旁边有树，可以抓住一棵树。树根深扎地下，比较牢固，能够形成安全支撑，树冠可以挡住落物。

困境求生

一旦被困，就要设法对外联络。盲目地大声喊叫可能引起灰尘闷呛，造成窒息，也会消耗体力，所以不建议喊叫。可行的方法是借助身边物品向外界传递信号，如击打暖气管和水管发出声音，利用手电筒向外传递信息，利用手机向外界传递信息，等等。

教孩子应对运动损伤

运动损伤是指在运动过程中发生的，与运动项目、装备、技巧、强度和个人素质密切相关的一类人体组织器官伤害。这种损伤多与人参与运动项目时的技术动作、训练水平、运动环境等因素密切相关。

运动损伤可以按照损伤发生的急缓分成急性损伤和慢性损伤。急性损伤是由直接或者间接暴力冲击造成的损伤，一般发病急，病程短，症状骤起，症状有骨折、肌肉肌腱拉伤、神经血管损伤等。慢性损伤是身体长期超负荷拉伸、磨损造成的局部伤害，一般发病缓慢，病程长，症状渐起，症状有关节磨损、肌肉拉伤等。

常见的导致运动损伤的因素

准备不足、热身不够、安排不合理、运动方法不对、场地和气候不合适、器材质量不过关、身体功能和精神状态不好、注意力不集中等都是常见的导致运动损伤的因素。

青少年喜欢竞技运动，但要掌握正确的运动方法，避免造成运动损伤。

让孩子增强防范运动损伤的意识

父母经常鼓励孩子多参加体育锻炼，但很少提醒孩子关注运动损伤这件事，导致孩子对运动损伤的防范意识较弱。我们一定要教育孩子在运动中注意安全：孩子运动前要做好热身，运动时要讲究方法，使用器械时要做好防护，不能单独做危险动作，投掷球类时要避开人群，游泳时要量力而行，不要进入深水区游泳，等等。

教孩子必要的运动损伤预防方法

教孩子几种常见的运动损伤预防方法，可以防患于未然。

预防膝盖损伤

青少年的骨骼正在发育，当膝盖受到强烈冲击时，容易产生关节水肿。预防方法是找专业教练训练弹跳，掌握正确的用力方法，锻炼膝关节周围肌肉韧带。运动时穿好护膝或者专业运动袜，避免造成运动损伤。

预防骑自行车造成的肌肉损伤

长时间骑自行车容易造成背、腰、颈肌肉劳损。预防方法是根据孩子的身高及时调整车把、座鞍与脚蹬的高度并注意骑行姿势。一般情况下，要以孩子坐在座鞍上，伸直腿，脚心正好可以踏住下垂的脚蹬为标准调整高度；注意保持车把略高于座鞍，骑行时身体前倾 30° 左右。

预防游泳运动损伤

游泳是一项很好的健身运动，但是可能会遇到呛水、小腿抽筋、扭伤等情况。因此要在专业人士的指导下学习游泳技巧，掌握游泳本领。游泳之前应先热身，充分活动关节，放松肌肉。游泳不熟练时不到深水区去。不要连续游泳太久，以防消耗太多体能。如果身体疲劳导致抽筋，不要慌张，采取仰泳姿势，使口鼻露出水面，脚后跟用力往前伸展，拉伸小腿后侧，反复几次，缓解抽筋状况，然后尽快往岸边游。

发生运动损伤后的急救和处置

父母应告诉孩子，当发生运动损伤后，要马上处置。运动损伤处置常用 PRICE 原则：即保护（protect）、限制运动（restrict）、冰敷（ice）、加压包扎（compression）、抬高受伤部位（elevate）。保护，就是使用夹板和绷带进行包扎处理，防止感染和伤害加深。限制运动，是为了防止血管神经和软组织进一步损伤。冰敷，可以有效减轻肿胀和疼痛，防止感染。加压包扎，是为了止血和减轻肿胀。抬高受伤部位，是为了促进血液回流，避免肿胀发生。以上的所有步骤，都是为了帮助伤者减轻疼痛，缓解症状，防止感染和并发症发生。

当发生挫伤、轻度肌肉拉伤、韧带扭伤时，通过上面几种方法加以处理，加上后期康复治疗，伤者都能够在短期内恢复健康。

如果运动损伤严重，出现呼吸困难、心跳骤停等问题，则需要专业救护，要迅速拨打急救电话及时将伤者送医。同时，根据现场情况先做处置，包括包扎、心肺复苏等，为急救争取时间。

教孩子户外生活常识

孩子长大以后，会与同学一起出去玩，如参加夏令营、爬山远足、到农村体验生活等。为应对各种户外情况，让孩子掌握一些户外生存常识是很有必要的。这样一旦发生意想不到的情况，孩子就可以做好防范，保护自己。

2004 年 12 月，印度洋海啸发生时，一位 10 岁的小女孩正与爸爸妈妈在泰国普吉岛的海滩上散步，突然，小女孩大喊：“不好了，要发生海啸了！”因为她看到，大海方向的远处突然涌现出了一波白色的巨浪，海面上涌现出不少气泡，潮水也突然退了下去。她两周前刚在学校学过有关海啸的知识，知道这个现象就是海啸出现的征兆。她和爸爸妈妈迅速跑到酒店，让酒店用扩音器通知所有游客快速撤离到安全地带。几分钟后，滔天巨浪袭来，海滩上的人都成功逃生了。小女孩因救了一百多人受到联合国总部表彰。

这个故事说明了让孩子掌握户外生活常识多么重要，这样不仅可以让孩子帮助自己，还可以让孩子帮助别人。

学习户外生活常识

出行之前先看天气预报

我小儿子出行不爱带伞，有一次，他和同学在户外看演出，结果演出开始后下起了雨，他和同学都不想走，就淋着雨看了两个小时演出，当天晚上回到家就发高烧了。所以到户外玩时，孩子要学会提前看天气预报，带好装备，这样才能安全出行。

在雨天出行时，不要走有积水的地方

下暴雨时，街道上会积很多水，父母要提醒孩子不要走积水的地方，如果水面有旋涡，下面可能会有深坑，千万不要靠近。孩子心里有安全意识，就可以规避很多风险。

大风天出行要防范高空坠物

沿海地区夏天会有台风，北方冬天会有大风，在这种极端天气里，行走在路上，要格外注意高空坠物。尽量不要让孩子在这

种天气在外面行走，安全第一。

到海边游玩，要提前了解潮汐知识

每到夏天，很多父母会带孩子到海边玩。但是去之前要做足功课，了解海洋的潮汐规律，了解涨潮和退潮的特点，让孩子不要在涨潮和退潮时在海边玩。

到山区旅游，要了解当地气候和水文特征

每到假期，家长会带孩子到风景名胜区去旅行。出行之前，也同样要做足功课。一些山区气候多变，河流可能会因为上游降雨而水位暴涨，如果不了解当地气候情况就在水边游玩可能会有危险。所以，在去任何山区游玩之前，要提前上网查资料，了解这个地方是否适宜游玩，并了解当地的气候和水文特征，提前做好防范，这样才能保证安全。

学会设置救援信号

国际通用求救信号是 SOS 和莫尔斯电码。用任何物体排成 SOS 形状，就可以向外发出求救信号；也可用莫尔斯电码，用声音或者灯光发出三短三长三短信号，间隔 1 分钟重复一次。收到信号的人就知道有人求救，会迅速组织力量救援，并报警。还可以用鲜艳的衣物围成大型三角形，向外界求救。

学会照顾自己

在外面旅行自然没有在家里方便，所以，提前做好准备工作很重要。每次外出旅行，我都会提醒孩子做好准备工作，带足衣服和常用物品，特别是要带一些常用药品。记得很多年前我们到峨眉山旅行，在山下住宿。当天晚上，孩子爸爸发高烧，幸亏带了退烧药，不然很难在附近买到药。所以，我就养成了外出时带一些常用药的习惯，比如应急性的退烧药、腹泻药、止痛药、驱蚊药、创可贴等，在关键时候好派上用场。我把自己的经验传授给孩子，他们也会这样做准备。

把安全放在第一位

孩子进入初中以后，一般都是独自上学，独自回家。放学之后，还可能与同学在外面吃饭，运动，娱乐。孩子在外，父母不免会担心孩子的安全。教给孩子安全常识，让孩子养成安全防范意识，就可以最大限度地保证孩子的安全。

我的两个孩子先后离开家，独自在外面上学。为了他们的安全，我便把安全常识写成文字，发到他们的手机上，让他们牢记在心，养成安全意识。这个方法可以供父母们参考。

孩子要注意的安全问题

提高道路交通安全意识

很多中学生喜欢骑自行车上学。父母要叮嘱孩子，骑自行车时不要飙车，不要表演车技，不要互相追逐，不要与路过的汽车比速度，不要在车前抢道。父母还要叮嘱孩子，不要在转弯的大车内侧骑行，因为大车在转弯时，内侧会有盲区，司机可能看不到内侧的自行车和行人。

注意水边的危险

孩子去水边时，要注意潜在的风险。有的河和水库可能看起来水很浅，但水里面会有水草，会有暗涌，因而不要随便下水游泳。乘船时要穿好救生衣，如果船只超载，就不要乘坐。在海边玩耍，遇到海水涨潮要立即离开海边。

养成观察安全逃生通道的习惯

到超市、影院等室内空间时，要养成观察安全逃生通道的习惯。有突发情况发生时，人群容易惊慌失措，四处奔逃，可能造成踩踏，耽误逃生。如果提前知道安全逃生通道的位置，就能快速撤离。

遇到犯罪行为，保护好自己是最重要的

黑夜是罪恶的保护伞，晚上不要与同学在外面玩耍，不要去偏僻的地方。遇到歹徒拦路抢劫，可将随身携带的少量钱财交给

歹徒，并注意记下歹徒的身份特征，好事后报警。万一遇到主动挑事的人，要尽快想办法脱身，不要与其纠缠。父母要告诉孩子，生命安全是最重要的。

教孩子应急救护知识

教给孩子一些应急救护知识，可以让孩子在遇到危急状况时有技能傍身，学会自救或帮助别人。

触电急救

孩子不小心触电时，要迅速将电线拉开，摆脱触电状态。如果导致触电的电器固定在墙上，则要快速向后倒，借助身体的重量和外力摆脱触电状态。因为交流电可引起肌肉持续痉挛，因而手部触电后会误抓电源，甚至越抓越紧，所以要有意识地快速摆脱电源。如果不是碰上高压电，在触电后的最初几秒钟内，人的意识并不会立即丧失，可以做出快速反应。触电后能够自我摆脱电源的一般不会留下后遗症。

父母要告诫孩子，发现别人触电时，绝不可直接用手去拉触电者。因为人体是导电的，一拉两人就一起触电了。正确的处理方法是马上切断电源，或用绝缘物将电线挑开，再拉开触电者。触电者脱离电源后往往神志不清，心跳及呼吸停止，救助者要立即让触电者头向后仰，为其进行心肺复苏。

煤气中毒急救

父母要告诉孩子，如果发生煤气泄漏，应在第一时间打开窗户透气；发现别人煤气中毒，应立即关掉煤气，将中毒者平放下来，对重度中毒者要使用心肺复苏和人工呼吸救助。

食物中毒急救

食物中毒最常见的症状是剧烈地呕吐、腹泻，伴有中上腹部疼痛。进一步发展会导致脱水，甚至休克。所以，一旦发现食物中毒症状，就要快速救治。

救治的方法是给中毒者补充大量水分，有条件时可输入生理盐水。如果中毒者症状轻，救助者可以用手伸进其咽部催吐。如果中毒者中毒严重，出现休克症状（如手足发凉、面色发青、血压下降等），救助者应立即让中毒者平卧，尽量抬高双腿，并送医院急救。

中暑急救

将中暑者迅速带离高热环境，移到阴凉的地方，解开其衣扣，将冷毛巾置于中暑者头部进行降温。还可以根据现场环境，采取冷水降温或药物降温的方法。在急救时，可以给中暑者喝放了盐的凉开水，必要时进行人工呼吸。

溺水急救

溺水者被救上岸后，救助者要以最快速度撬开溺水者的口腔，除去其口鼻中的污物，将其舌头拉出口外，再将其衣服解开。然后救助者单腿跪地，将溺水者的腹部放在自己的膝盖上（头朝下），拍打其背部，倒出其呼吸道及肺部的积水。如溺水者还不能恢复呼吸，要立即对其做人工呼吸。在溺水者没有脉搏时，应对其进行心肺复苏（持续两三个小时）。等溺水者清醒之后，要注意为溺水者保暖，给其换上干衣服，按摩其四肢促进其血液循环。

心肺复苏的方法

心肺复苏是一项非常重要的急救措施。若在户外或在医院外发现有人突然倒地，并出现意识丧失、心跳骤停的状况，需及时对其进行心肺复苏。常规心肺复苏有三个基本步骤，具体如下：

胸外按压

对人进行心肺复苏时，要先进行胸外循环按压 30 次。按压部位是两乳头连线与胸廓的交点。

开放气道

做完一组胸外按压后，要立即清理并开放被救者气道。尽可能将其头部向后仰，使其下颌角与耳垂的连线垂直于地面。

人工呼吸

开放气道后，应立即对被救者进行两次口对口人工呼吸，将气通过口腔吹进患者肺部。

心肺复苏时，一般在做 30 次胸外按压后，进行 2 次人工呼吸，这是一个循环。通常需要在 2 分钟时间内进行 5 个循环。5 个循环完成后，要立即查看患者的意识、呼吸是否恢复。若仍未恢复，还需继续按照上面的步骤进行心肺复苏。

在进行心肺复苏前，救助者首先要保证自身处于安全的环境中。救助者还要尽快拨打 120，寻求专业救援。

让孩子学会应对校园暴力

近来，勒索钱物、霸凌弱者、打架斗殴等校园暴力事件时有发生，这些事件给未成年人造成了很大伤害，被伤害的孩子不知道应该如何应对。我们作为父母，有必要教给孩子应对的方法，防患于未然。

校园暴力的表现

勒索钱物

勒索钱物的现象较为常见。勒索者常常组成小团伙，有组织、有计划地勒索他们选定的目标。被选定为目标的孩子可能比较瘦小，性格比较柔弱，被认为好欺负。

霸凌弱者

个别孩子在家里被娇生惯养，个性霸道，在学校拉拢一帮朋友，专门欺负某一个孩子，以此显示自己的强大。

打架斗殴

一些孩子受网络上或者社会上的不良现象或人员影响，会拉帮结派，为一些小事聚众斗殴，突破法律底线。

初中学生实施暴力的原因

1. 被大孩子施暴后，变本加厉地在比自己更小的孩子身上“找回来”。

2. 初中生渴望被关注、被接纳，但是在学校学习不好，不被老师和同学重视，于是他们就用暴力的方式来获取老师与同学的关注和重视。

3. 一些孩子在家里被父母打骂，认为暴力决定一切，不知不觉中形成了一种暴力的价值观，就会在同学中结成小团体，自己当“大哥”，为“兄弟”出头。

家庭暴力是校园暴力的根源之一。家庭暴力有两种方式：一种是显性的，即“棍棒式的强制”；另一种是隐性的，即“温柔的强制”。这两种形式的家庭暴力都会给孩子带来心理压力。如果再遭遇父母离异等情况，孩子的心灵就很容易扭曲，形成一种“攻击性人格”，很容易通过欺凌弱小来释放压抑的心情，获取心理上的平衡。

孩子一旦遭遇校园暴力后，会长时间处于恐惧状态，情绪不稳，心情压抑，学习积极性锐减。有的还会以暴力对抗暴力，从而引起打架斗殴事件。

孩子遭遇校园暴力时的应对方法

1. 在校园暴力的威胁面前，首先告诉自己不要害怕。自己害怕，对方就会更加肆无忌惮。要相信邪不压正，相信一切正义力量都会站在自己一边。自己内心坚定，就会让对方心里没底，不敢太强硬。开动脑筋，想办法与对方周旋，为自己争取逃脱时间。

2. 提醒对方要冷静，不要做犯法的事情。在确保自身安全的前提下，寻求周围人的帮助。

3. 要及时告诉老师和父母。不要因为对方的威胁就不敢告诉老师和父母，这样只会让坏人变本加厉地欺负你。

4. 如果对方伤害了你，就一定要报警，让警察介入调查，这样才能威慑对方。

校园暴力的受害者主要是学生，学生也是防止校园暴力的主要力量。对学生来说，从自己做起，加强自我修养，自尊自爱，尊重他人，团结互助，形成良好的校园风气，才能让暴力远离校园。

父母应该采取的做法

要善于发现孩子可能遭受了校园暴力的迹象

如果孩子某一段时间比较沉默，不愿意上学，身上有淤青等，有可能是遭受了校园暴力。这时，父母不要逼迫孩子说实话，因为孩子可能担心告诉父母会被报复。所以，父母要坚定地告诉孩子，爸爸妈妈会保护他，不让他受欺负，让孩子信任父母，有安全感。这样孩子就会愿意对父母讲述被欺负的经历。父母了解情况后，不要冲动，不要采取过激行为，而要深思熟虑，想出周全的方法，这样才能打消孩子的顾虑。

把情况告诉老师，向学校反映，与学校协商解决

如果孩子被欺负，父母要到学校找老师出面解决问题。但是处理的方法一定要科学，这样才能防止孩子被打击报复。

教孩子应对暴力的方法

父母要告诉孩子，被人欺负时，不能软弱怕事，要坚定防卫，但也不要以暴制暴。要把事情告诉父母和老师，不要担心被打击报复，这样才能防止对方恃强凌弱。

家庭是预防未成年人犯罪的第一道防线

父母在防止校园暴力过程中扮演着十分重要的角色。校园暴力的主要实施者是不良学生，他们可能会与社会上其他不良少年联手实施校园暴力。父母要关注孩子的朋友圈，让其远离不良少年，平时要言传身教，让孩子分清善恶，不能成为暴力实施者。

父母要积极支持和配合学校的教育工作

孩子与老师或同学发生分歧时，父母要鼓励孩子通过正常的渠道用正确的方式解决问题，不要用暴力的方式解决问题。父母要学习一些青少年心理学知识和科学养育孩子的方法，对孩子进行正面教育，让孩子形成积极健康的心理。

父母要对孩子上网浏览的内容进行把关

互联网上有很多信息不适合孩子看。父母要对孩子上网浏览的内容进行把关，不让孩子浏览不良内容。青少年阅历少，鉴别能力有限，父母要多与孩子交流，引导孩子关注正能量的信息，从心里拒绝低级、庸俗、暴力的内容，树立正确的三观，成长为正直善良的孩子。

对校园霸凌说不

我大儿子上初中时，学校有一个男同学喜欢趁别的男生不备时对其实施殴打。该男同学的这种行为十分危险，会给同学造成伤害，我让儿子与他保持距离。后来了解到，这个同学有心理疾病，一直在进行心理治疗。

校园里的孩子形形色色，父母要让孩子学会保护自己，对霸凌和恶作剧行为说不。

父母要告诉孩子，被同学搞恶作剧时，要果断制止对方。如果对方只是为了好玩，没有分清轻重，就给他讲道理，让他不要这样做。如果对方是带有恶意的，那就告诉老师，让老师解决。

如何应对同学的恶作剧

1. 有些同学活泼好动，有很多古灵精怪的想法，喜欢通过恶作剧的方式把想法表现出来，引起大家的注意。如果这无伤大雅，我们就以平常心看待就好了。

2. 如果对方搞恶作剧过了头，就要明确地告诉他，这样做是不对的，一点都不好玩，请他以后不要再这样做。如果想开玩笑，就换一种友好的方式。

3. 如果有人对某一个同学持续搞恶作剧，那他就存在一定的恶意，是一种校园霸凌行为。这时，就需要将这件事告诉老师，让老师出面解决。

4. 平时与同学要友好相处，多包容别人，不要把小事情激化成矛盾，由矛盾再演变成冲突。青少年情绪管理能力不强，遇到冲突时容易感情用事，不计后果。很多校园霸凌事件都是从一些小事情演变成的针对某一个同学的欺凌事件。所以，父母要教孩子学会与人正确相处的方法，从而使孩子拥有一个和谐的人际关系。

父母自修室

我是否重视对孩子的安全教育？我知道哪些逃生知识？我带孩子做过哪些逃生演练？